陳啓天著

社會學與教育

中華書局印行

社會學與教育自序

中華民國十八年，我在國立成都大學（後改名四川大學）教「社會學」和「教育社會學」兩課時，曾編有講授綱要。其後三四年間，我就講授綱要，編爲社會學概論及教育社會學概論兩書，用陳翊林筆名在上海出版，曾經銷行多版。

我以爲高級中學畢業生宜有社會學常識。師範畢業生亦宜有社會學及教育社會學常識。大學文法科學生更宜有社會學常識。但是目前出版界可供高級中學及師範畢業生等自修用的此類常識入門書，似乎尚不很多。因此我將上節所說的兩種拙著，重新加以改訂，並合編爲「社會學與教育」一書，以供初學入門之用。不過關於社會學的最近資料，尚未能補編於本書，希望讀者原諒。

三十年以前，我國左傾文人好以社會主義冒充社會學，以求引誘讀者入彀。故本書嚴辨魚目混珠的說法，只講社會學，不講社會主義。

從前講社會學者，不偏於唯心論，即偏於唯物論，甚至偏於經濟史觀，皆不足圓滿說明人類社會生活的眞相。故本書採用綜合的說法，而少一偏之見。

本書行文，力求條理淸楚，措辭簡明，既少艱深的古文，亦無生硬的譯文，便於初學閱讀。本書內容，雖多述而不作，然亦間有己見在其中，尚希讀者教正是幸。本書曾經友人黃欣周先生仔細校正，特此誌謝。中華民國五十六年十月黃陂陳啓天自序於臺北市寄園。

社會學與教育目錄

下編　社會學與教育

社會學與教育

陳啓天著

上編　社會學概說

第一章　社會學的意義與地位

一、什麼是社會學？

西洋科學中有所謂「蘇西阿羅輯」Sociology，日本譯爲社會學，中國舊譯爲羣學，現在通用日譯名詞。「蘇西阿羅輯」原由拉丁文「蘇克斯」Socius與希臘文「羅格斯」Logos兩字聯成。「蘇克斯」就是社會，「羅格斯」就是學，合起來便成了社會學。照着字源的意義下社會學的定義，社會學就是社會的科學，或社會現象的科學 Sociology is the science of society or the science of social phenomena。美國社會學者瓦德(Ward)即是如此說法。這種說法雖不能斷爲錯誤，但含義却太簡單空泛了。比較詳細的社會學定義，有以下各種：

1.社會學乃用在進化過程中共同起作用的各種物質的、生物的和心理的原因，以說明社會的起源、發展、組織和活動。Sociology is an attempt to account for the Origin, growth, structure, and activities of society by the operation of physical, vital, and psychical causes, working together in a process of evolution——Giddings, The Principles of Sociology P. 8.

2.社會學乃人類生活的一種統整看法，此種看法乃得之於①過去和現在人類活動一切情形的分析，②再用功用的觀念加以綜合，③就分析的過程中所顯示的趨向作一種全體的精確解釋；於是成爲人生行爲的許多指導原則。Sociology is a unified view of human life, derived (a) from analysis of all dis-coverable phases of human activity, past and present; (b) from Synthesis of these activities, in accordance with their functional meanings; (c) from the interpretation of the whole thus brought to view, in so far as tendencies are indicated in the processes analyzed; and it is finally a body of guiding principles, derived from this analysis for the conduct of life —Small's General Sociology P. 23.

3.社會學的問題乃是研究已往的人類與社會進化的知識——孔德(Comte)。見米勒利爾(Müller-Iyer)社會進化史七頁。

4. 社會學用比較法，歸納法，從許多材料中抽出演化的定律，使我們對於社會進化的趨向有了更淸楚的了解。——米勒利爾社會進化史九頁。

5. 羣學何？用科學之律令，察民羣之變端，以明既往，測方來也。——嚴復羣學肄言譯序。

統合以上五種社會學定義的含義，約有以下幾種問題：第一社會進化的問題，差不多五種定義中都含有這個問題，而三、四、五三種定義更特重這個問題；第二社會起源的問題，只第一種定義特別指出；第三組織活動和進化原因的問題，也只第一種定義特別指出；第四社會學的目的問題，四、五兩種定義說及，而二種定義更特別注重；第五社會學的研究方法問題，二、四、五種定義均說及，而一、三兩種雖未說及，孔德和吉丁斯却在他處談到。關於第四和第五的問題，可以不在定義中研究，那末，五種定義中要以第一種爲比較具體而完備。

但是社會學的對象，與其謂爲社會或社會現象，毋寧謂爲社會生活，比較明瞭而有意義。社會生活受何種要素的影響？這是社會的動力問題。社會具何種組織與方式？這是社會的形態問題，社會生活如何發生，又如何發展？這是社會的進化問題。社會學中的主要問題，不外這三種；所以可以下一個社會學的定義如下：

社會學是研究人類社會生活的動力，形態和進化的科學。

將這個定義分別解釋起來：第一、可以說社會學是一種科學。所謂科學，不是自然科學專有的名詞。凡用科學的方法，研究一定範圍以內的事實，而構成一種系統知識的，都可叫做科學。人類社會生活是一種事實。這種事實與天文學，物理學和生物學所研究的事實是同樣眞實的。不過這種事實比較複雜變動，不易成爲科學的研究，而研究者又是社會生活中的一員，却易牽入哲學的研究。所以在古代便有了社會的哲學。到近代自然科學固大進步，社會科學也因應用自然科學的方法隨着進步，孔德首先主張應用實證的方法 Positive Method 研究社會學，於是社會學漸次脫離哲學的範圍，而成了獨立的科學。

第二、社會學是研究人類社會生活的科學。社會學的惟一對象，以人類社會生活爲範圍。動物雖有社會生活，而且與人類的社會生活有些相近，但研究動物的社會生活屬於生物學的範圍，不在社會學之內。所謂社會生活，便是社會中各個人的生活互相感應 Interaction。一切個人的生活無不互相感應，發生直接或間接，重大或輕微的影響，所以社會學不但只研究社會生活，並且不承認有與他人完全無關的個人生活。從社會學的見地看來，通常所謂個人生活，不過是指個人生活的互相感應只發生間接或輕微的影響而已。

第三、社會學是研究人類社會生活的動力的科學。促進人類社會生活的動力(Forces)，或者決定人類社會生活的要素(Factors)是些什麼？這是社會學上要研究清楚的問題。我們要正確的解決這個問題，最忌落入哲學的圈套，以一種動力，抹殺其他一切，失了社會生活的眞相。我們要用科學的態度，仔細考察社會生活如何受自然環境的影響，如何受生物遺傳的影響，如何受社會環境的影響，又如何受文化傳統的影響。如此，然後明瞭社會生活不是由任何一種動力或要素做原因，而是由各種原因湊合而成的結果。

第四、社會學是研究人類社會生活形態的科學。社會生活形態的主要問題，是社會組織。個人在組織中如何社會化 Socialization，而成爲極複雜的社會生活？社會標準怎樣？社會節制怎樣？組織中的合作和組織間的衝突怎樣？這種種問題都是社會學上要研究的問題。有些社會學者將這方面的研究，特別叫做社會形態學 Social Morphology。

第五、社會學是研究人類社會生活進化的科學。社會生活的起源怎樣？發展怎樣？各種社會生活發展到現在的階段有何種重要問題？革命在社會進化的地位怎樣？這種種問題，也是社會學上所必須研究的問題。有些學者專門研究這方面，而成爲社會進化論。

二、社會學在科學中的地位

社會學已成一種獨立的科學，在前節曾經說明。現在可進而說明社會學在科學中的地位。孔德依科學發達的次序，以數學居第一位，其次為天文學，物理學，化學，生物學，（包含心理學），最後為社會學。由這種科學的階級 Hierarchy of Sciences 可以表示最簡單的科學最先發達，而且最精確；前一階級的科學是後一階級的科學的基礎，而其與人生的關係，則階級最後的科學最有關係，反居於最重要的地位。

一切科學可以大分為兩種：第一、研究自然現象的，是自然科學，例如天文學，物理學，化學，生物學等均屬之；第二、研究社會現象的，是社會科學，例如倫理學，政治學，經濟學等均屬之，而社會學則為一切社會科學的綜合研究，可以叫做綜合的，或基礎的，或普通的社會科學 Comprehensive, fundamental, general Social Science。專門的社會科學只研究社會現象的一方面，求出特殊的原理原則。社會學則研究社會現象的全體，求出共同的原理原則。因此社會學又是一切社會科學的基礎，如同生物學是一切生物科學的基礎一樣。社會學在科學系統中的地位，可以圖表明如下：

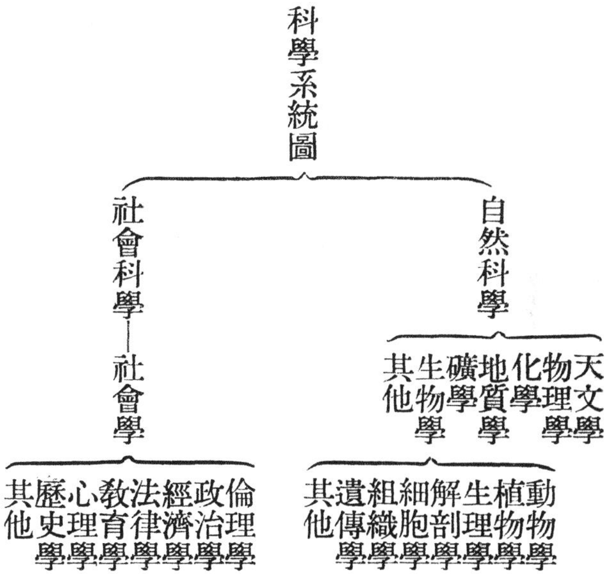

科學系統圖

- 自然科學
  - 天文學
  - 物理學
  - 化學
  - 地質學
  - 礦學
  - 生物學
    - 動物學
    - 植物學
    - 生理學
    - 解剖學
    - 細胞學
    - 組織學
    - 遺傳學
    - 其他
  - 其他
- 社會科學——社會學
  - 倫理學
  - 政治學
  - 經濟學
  - 法律學
  - 教育學
  - 心理學
  - 歷史學
  - 其他

三、現代趨重社會學研究的理由

現代東西各國大學無不設有專科講習社會學，即中學也以社會學概論，或社會科學概論列爲必修科。關於社會學的出版物，更一天一天的加多，這都是趨重社會學研究的證據。現代趨重社會學研究的理由，約有三種：第一、研究社會學，可使我們易於了解專門的社會科學。專門的社會科學是社會學的分支，社會學是一切專門的社會科學的根本；要了解分支的科學，必先了解根本的科學。專門的社會科學只講社會生活的特殊原理，社會學專講社會生活的普通原理，要了解特殊的原理，必先了解普通的原理。例如政治學是研究政治生活的特殊原理，必先有社會學上的知識，才易明瞭政治生活在全體社會生活中的地位和關係。經濟學是研究經濟生活的特殊原理，也必須有社會學的知識，才易了解經濟生活的如何組織和進展。教育學上的目的、課程和方法等問題，必須依據社會學上的原理，才能充分解決。所謂教育社會學 Educational Sociology，便是依據這個理由成立的。歷史學上的進化問題和有史以前的人類社會生活，均要社會學上的知識才能解釋。所以有人將社會學當做歷史哲學 Philosophy of history。由此說來，可見社會學是研究任何社會科學的必修學科了。

第二、研究社會學，可使我們對於實際社會生活得到統整的和精確的見解。我們天天在實際社會中生活，但是實際生活是怎麼一回事？個人在社會生活中所佔的地位究竟怎樣？現在社會生活是怎樣進化來的？我們在社會中又是怎樣的生活下去？關於這種種問題，要得到統整的和精澈的見解，必須研究社會學。

第三、研究社會學，可使我們得到改造社會的指導原則和下手方法。我們對於實際生活常常覺得有許多社會問題必須解決，但是社會問題不是憑空可以解決的，必得有一個下手方法。最切要的下手方法，便是從事實際的研究，在實際社會的研究中，才能十分明瞭社會問題的癥結所在。社會學中的社會調查，卽是從事實際社會的下手方法。我們用這個下手方法得到社會問題的癥結，再以社會學上的原理做指導原則，乃可有一個適當的解決。如此，可見社會學對於一般人尤其是社會改造家的重要了。

第二章　社會學的歷史

一、社會學的歷史趨勢

就社會學的全部歷史說來，有一個重要趨勢，便是由哲學的社會學或社會哲學到科學的社會學或社會科學。司馬爾(Small)說得好：人類有了思想就有社會學。(見司氏普通社會學 General Sociology 四十頁) 因爲人類過了社會生活以後，對於社會生活的起源和關係，自然要生出一種思想。這種思想，就是社會學的思想。自古代哲學家如中國的孔子、老子，希臘的柏拉圖、亞里士多德到法國的孔德 Comte，都有這種思想做他們學說的一部分。不過孔德以前社會學的思想都在哲學中翻花樣，只可算做哲學的社會學，不能算做科學的社會學。到孔德創出社會學的名詞，並主張用實證的方法 Positive method 來研究社會學，於是科學的社會學乃得漸次成立。孔德是哲學的社會學和科學的社會學的一個過渡人物。他雖然指示我們要用實證的方法來研究社會學，但他自己仍將社會學放在實證哲學系統中，未能成爲完全獨立的科學。斯賓塞爾承孔德之後，極力主張社會學可以成爲一種專科研究，在社會學成爲一種科學上，總算功勞不下於孔德，不過他的社會學仍是哲學的意味多於科學的意味。所以巴克 (Park) 和柏哲士 (Bergess) 分社會學發達的時期，將孔德和斯賓塞爾都列入第一期，名爲歷史哲學時期，或進化的科學時期 The Period of Science of evolution。斯賓塞爾以後，才進到第二期，由各派社會學者，自定一種觀點，來描寫社會學上各種問題相關的事實，叫做學派時期 The Period of the Schools。現在已入了第三期，着重研究實際的、具體的社會問題，叫做社會研究時期 The Period of investigation and research。最近又有進到第四期的趨勢，即是在教育，政治，實業，以及各種社會生活中，依據一種假說從事實際的試驗，使社會學成爲一種試驗的科學 Experimental Science，可以叫做試驗科學時期。由上看來，社會學總算一天進步一天了，不但由哲學的社會學進到科學的社會學，並且還要由觀察的社會學進到試驗的社會學。社會學的歷史趨勢，大概如是。

二、哲學的社會學歷史

中國儒家所謂「仁」，「仁義」和「禮」，是社會的標準；所謂『大同』，是社會的理想。道家所謂「道」，是社會的標準；所謂『小國寡民』，『無爲而天下治』，是社會的理想。墨家所謂「兼愛」，「交利」，是社會的標準；所謂『尙同』，『尙賢』，是社會的理想。法家所謂『法』，是社會的標準。自古代到近代，中國固有的學術不出四家範圍，而均屬於哲學的社會學。至於西洋，則在古代有柏拉圖的共和國 The Republic，描寫一種社會；有亞里士多德的政治學，指出社會學的性質和國家的組織。在中世有奧古斯丁 St. Augustine 的上帝之都 City of God，以基督教義解釋社會，而使教會成爲一時的國家。在近代初期，有馬加維利 Machiavelli 的君主論 The Prince，反對神權，主張君權，而國家權力乃漸次超於教會之上。近代以來，關於社會學的研究比較發達。霍布士 Hobbes 的巨靈 The Leviathan, 洛克 Locke 的人類悟性論 Essay Concerning Human Understanding 和盧梭的民約論 Social Contract，均以社會契約說明個人和社會的關係。孟德斯鳩的法意 Spirit of Laws 依據歷史說明政府的組織。亞當斯密 Adam Smith 的原富 Wealth of Nations，以分工說明經濟生活。各家學說雖仍多在哲學的範圍以內，但於社會學之成爲科學，却有不少幫助。

三、科學的社會學歷史

科學的社會學之創立者，是法國的孔德 Comte。孔德生於一七九八年，死於一八五七年。自出生到死亡歷經法國的革命時代，眼見當時混亂不已，有一部分原因是由於社會改造家的迷信空想，徒逞臆見，而忽略改造實際社會的下手方法。要挽救這種毛病，不得不用物理的方法研究社會，使成一種「社會物理學」Social physics，以免流於空想與意氣之爭。孔德於一八三九年實證哲學講義 Cours de Philosophie Positive，（一八三〇至一八四二年）第四卷出版時，才改名社會物理學爲社會學。社會學屬於實證哲學全系統中的一部分：研究社會靜態的，叫做社會靜學 Social Statics，研究社會動態的，叫做社會動學 Social dynamics，也是借用物理學上的名辭。孔德就人類知識進化的情形分爲三個時期：第一爲神學時期 Theological Stage，又叫假想時期，以神學解釋一切現象，乃人智進化的初步。第二爲玄學時期 Metaphysical Stage，又叫抽象時期，以玄理推論一切現象，乃人智進化的過渡。第三爲科學時期，又叫做實證時期 Positive Stage，以科學方法研究一切現象，乃人智進化的歸結。又依科學發達的次序，列爲科學階級，而社會學在最後成爲科學（詳第一章）。孔德的社會學雖在哲學系統之中，然他於社會學是用物理學的眼光來研究，所以有人稱他爲物理學派的社會學。

繼孔德而促成社會學爲獨立科學的，是英國斯賓塞爾。斯氏關於社會學的著作，有社會靜學 Social Statics（一八五〇），羣學肄言 Study of Sociology（一八七三），社會學原理 Principles of Sociology（一八七六—九六），記述社會學 Descriptive Sociology。斯氏社會學的要點在以生物有機體比擬社會有機體Social organism，以生物進化推論社會進化，使人益發明瞭社會的組織和進化。不過社會有機體說只可當作一種生物的比擬 Biological analogy，不可認爲社會的眞相。生物學派的社會學者如德國李林弗爾德 Lilienfeld 固然極端祖述斯氏所謂社會有機體說，而德國賈夫列 Schaffle 則不承認社會是一種生物有機體。

繼斯氏之後，生物學派的社會學雖盛極一時，然以只是一種生物的比擬，而又忽略社會的心理要素，於是以心理學解釋社會現象的心理學派異軍突起，取生物學派而代之。此派的開山祖要推美國的瓦德。瓦德著有動的社會學 Dynamic Sociology（一八八三），文明的心理要素 The Psychic Factors of Civilization（一八九三），純理社會學 Pure Sociology（一九〇三），應用社會學 Applied Sociology（一九〇六）。瓦德以心理為社會進化的基本要素，而主張以有目的的社會行動 The purposeful social action 改進社會。吉丁斯 Giddings 以同類意識 Consciousness of Kind 說明社會現象，著有下列各書：

一、社會學原理 Principles of Sociology

二、社會學初步 Elements of Sociology

三、社會化的理論 Theory of Socialization

四、歸納社會學 Inductive Sociology

五、人類社會的理論研究 Studies in the Theory of Human Society

六、人類社會的科學研究 Scientific Study of Human Society

司馬爾 Small 以興趣 Interest 說明社會現象，著有普通社會學 General Sociology。塔爾德 Tarde 以模仿說明社會現象，著有模仿律 Les Lois de L'imitation 和社會律 Les Lois Sociale 等書。以上各家均屬於心理學派，可見心理學派在社會學中之多。

社會學中有所謂文化學派，從文化上解釋社會的關係和進化，如英國的巴克利 Buckle

，德國的李伯德 Lippert，美國的烏格朋 Ogburn 和愷史 Case。巴克利著有英國文明史 History of Civilization in England。李伯德著有文化史 Kulturegges Chichate。烏格朋著有社會的變遷 Social Change。愷史著有社會學導言 Outlines of Introductory Sociology。

又有所謂人類學派，依據人類學研究社會學，例如法國勒杜魯 Letourneau 以人種學說明社會學，著有人種學的社會學 La Sociologie d'aprés L'ethnographie；美國麥根齊 McKenzie 以人類所居的地位說明社會生活的形式，著有鄰里論 The Neighborhood。

晚近各國社會學者有著重專門問題與實際社會研究的趨勢。例如法國分宗教生活的原始形式，犧牲，魔術，自殺，近親相婚禁止及原始婚姻，部族制度，礦工薪資，工人與生活程度等特殊問題，由各大學教授分別擔任研究，以求確切的解釋明白。又如美國很趨重實際的社會研究，有例案作業，團體作業，社會調查，統計調查，和區域研究等。

至於中國雖從前有哲學的社會學，但科學的社會學自前清以至現在，尚在介紹時期，並無何種創作的成績可言。在前清經嚴復翻譯過來的社會學名著只有斯賓塞爾的羣學肄言，甄克斯的社會通詮。民國以後，可看的譯本要數米勒利爾的社會進化史，愛爾烏德的社會學及現代問題，涂爾幹的社會學方法論；可看的編述本子要數陶孟和的社會與教育，樊弘的社會調查方法，孫本文的社會學的領域，社會的文化基礎，社會學上之文化論和文化與社會。至於著作可算絕少。科學的社會學自前清輸入中國，業有多年，還是只有介紹沒有創作的最大原因：一在自然科學沒有發達，缺乏研究社會的基本知識；二在中國民性素好空談，不肯也不慣用科學的方法，從事實際社會的研究。今後我們如果有志研究社會學，或社會科學，於此二項須特別注意。否則必成爲空吹的社會學，甚至以冒充科學的馬克斯主義之偏見，妄談社會學，貽害青年，既可痛，又可惜！

第三章　社會學研究的困難與方法

一、社會學研究的困難

社會學到近代才漸次脫離哲學，成爲科學的重要原因，在社會學的科學研究比他種科學特別困難。其特別困難所在，可以分爲兩大種：第一種困難，存在社會學的本身；第二種困難，存在研究者的本身，現在申說如下：

第一社會學本身的困難——社會學的本身，有種種困難，使其不易成爲科學的研究：

一、社會學的基本學科，如生物學、心理學、人類學等到近代才發達而成爲科學。在此等基本學科尚未發達以前，社會學卽無由進步。此等學科有幾分進步，社會學也可以隨着有幾分進步。例如有了達爾文的生物進化論，才完成了斯賓塞爾以後的社會進化論；有了行爲主義的心理學，才產生了行爲主義的社會學。因此，社會學不能離開基本學科單獨發展，這是他本身的一種困難。二、社會學的內容，非常廣大，不易成爲系統的知識。社會學所牽涉之事項，自天文以至地理，都有幾分直接或間接的關係，而密切有關的人事，又紛雜萬分，不易得着頭緒，這又是社會學本身的一種困難。三、社會學研究的對象旣爲廣大的社會生活，而社會生活又常在繼續變化之中，不但現代的社會生活與古代的社會生活比較有很大的變化，卽今天的社會生活與昨天的社會生活比較也有不少的變化。在這種繼續變化的事實中，理出一個科學的頭緒來，自不是一件容易的事。這是社會學本身的第三種困難。四、社會生活是整個的。在整個的社會生活中，無論大小事體，彼此均有關聯，互相影響。換句話說，卽是社會生活的因果關係非常複雜，大概一種結果生於多種原因，——有的原因很遠，有的很近；有的很重要，有的很輕微；有的很直接，有的很間接，決沒有一種結果是無原因的，也決沒有一切結果是生於一個原因的，而且前事的結果，又每每卽是後事的原因。故社會生活的因果關係，不但有相互性，並有相續性。如此，複雜到了萬分，自然不易研究，這是社會學本身的第四種困難。

第二研究者本身的困難——自然科學與研究者可立於相對的地位，以故研究者對於自然科學易用客觀的方法去研究。而社會科學的對象，包含研究者在內，因此研究者常不易脫離主觀的意見，使其成爲純粹客觀的研究。大概說來，社會學因研究者引起的困難，有以下幾種：一、研究者的玄談失眞。一般研究社會科學者，比較少受自然科學的訓練，因此不但缺乏社會科學的基本知識，也缺乏研究社會科學的科學方法，卽不能用研究自然科學的謹愼態度，研究社會科學。然而又要研究社會科學，自然不得不大逞其臆說玄談，那能十分顧到他失眞不失眞？玄談的社會科學，在歐美因爲自然科學比較發達，不易作怪。在中國，自然科學既未發達，自易容許玄談的社會科學。那末，除了空吹以外，便只有替馬克斯當留聲機了。這樣玄談社會科學，勢必越談越糟，還是不談的好。二、研究者的感情用事。「愛之欲其生，惡之欲其死」，這是常人對於個人感情用事的極端表示。研究社會科學的人，對於社會生活的各方面，也不免有好惡的感情參雜其間，致於重其所當輕，或輕其所當重，是其所當非，或非其所當是，而失了實事的眞相。如果純用感情來研究社會科學，便不是科學了。三、研究者的偏見作怪。研究者如是某種專家，便好用專科的眼光，來觀察社會生活的全體現象，而忽略了其他各方面。例如一個佛洛伊德（Freud）派心理學者以性欲爲社會生活的中心問題，將許多不相干的事件也武斷爲與性欲有關係，可算是只知性欲，不知其他。每個專家又好推尊他所習的專科爲第一重要的學科，而不肯與他科以適當的地位，這樣便足使社會學因各專家而不同，成了許多學派，只能明其一曲，不能明其全體。這便是所謂專家的偏見作怪。偏見不但專家有之，即職業、宗教和黨派不同的人們，也常發生相反的偏見。常人對於社會生活的各方面，好以職業、宗教和黨派的立場做出發點，自然結論免不了偏見。四、研究者的私利作梗。私利與公理是不相容的。研究者對於一種事件，如果全無私利的關係，還能講幾句合於公理的話。但是一經有了私利的關係，必至顚倒是非，甚至反覆無常，變成一個投機家了。

社會學的本身既有困難，而研究者又容易使社會學益加困難，所以斯賓塞爾告訴我們要「知難」：第一、要知「所治之難」，即社會學本身的困難；第二、要知「能治之難」，即研究者本身的困難；第三、要知能所相待而生之難，即由研究者所引起的困難。照斯賓塞爾的說法，所治之難爲「物蔽」，能治之難爲「智絯」與「情瞀」，能所相待之難爲「學詖」，「國拘」，「流梏」，「政惑」與「教辟」。斯賓塞爾說：

「今夫即物窮理之功，皆所窮者物之理，而能窮者吾之心，是則能所判爲二者也。獨至觀羣，而能所之分混焉。吾所觀者雖羣之都拓（total），而能觀之吾心，即爲是羣之么匿（unit），故曰能所混也。夫窮理之所以精者，以窮者鑒空衡平，無所偏倚故也。其所以無偏倚者，以所籀之公例，其利害是非或彼或此，於窮者爲無涉也。乃今窮理之家固國民也，吾方託命於此羣，受治乎於其憲章，礱磨乎於其事業，無所逃於其感情。猶呼吸者之於空氣也，不能外之以爲生養。猶游泳者之於淸波也，旁觀則易明，入局則有味。此其難治，惟羣學爲有之。此羣學所以爲最後之科也歟。」（嚴譯斯賓塞爾羣學肄言三三五頁）

二、社會學的研究方法

社會學旣已脫離哲學的範圍而成爲獨立的科學，那末，社會學的研究方法也必得由哲學的進到科學的，卽是要從主觀的思辨上進到客觀的事實上，才能算做科學的社會學。依據這種見地，我們可以斷定馬克斯所謂辯證法在眞正科學的社會學中不能顯出什麼神通。原來辯證法只是希臘哲人的一種辯論方法。到黑智爾應用這種方法來研究歷史哲學，才成了一種哲學方法。馬克斯更應用這種哲學方法來辯護他所謂科學的共產主義。其實馬克斯的本人並未受過什麼科學的訓練。他所沿用的辯證法，也不是什麼科學的方法，至多只能承認是一種哲學方法。用哲學方法來研究社會學，只能成功一種哲學，無論如何不能冒充科學。如必冒充科學，那不但暴露方法的錯誤，而且汚辱了科學，簡直是開倒車。所以我們要研究科學的社會學，必須摒棄非科學的辯證法，而完全採用客觀的科學方法。所謂客觀的科學方法，要用事實做起點，也要用事實做終點。從事實上歸納出理論來，再將理論應用於事實。由這種方法所建立的社會學，才是科學的，而不致爲懸想作祟。

社會學上所要研究的事實，可以分爲兩大類：第一類爲過去的事實，第二類爲現在的事實。研究過去的事實須用歷史的方法，研究現在的事實要用實際的方法，現在分別說明如下：

第一歷史的研究方法——歷史的研究方法，是要從歷史的事實上考究社會生活的起源，變遷，趨勢，及其一切原因。所謂歷史的事實，不僅限於記載，還要注意到無記載的歷史事實。無記載的歷史事實，於研究社會起源和原人生活最有幫助。因爲關於社會起源和原人生活的記載歷史既極簡單，而又不完全可靠，必須取材於無記載的歷史，即地質學，古生物學，人種學，人類學，生物學和金石學等，然後說明才比較充分可憑。不但無歷史記載以前的人類社會生活，要取材於此等無記載的歷史，即有歷史記載以後的人類社會生活，也有時要在此等無記載的歷史中去找佐證。古蹟和古器之有助於一個時代社會生活的考證，便是一個例子。

歷史的方法施之於有記載或無記載的歷史事實，應該經過五種步驟，才能得到可靠的結論。頭一步要盡量搜集有關的歷史事實。材料越完備，結論越正確；否則不免有掛一漏萬之譏。第二步要考證每件歷史事實是否確實可靠。孟子說得好：「盡信書，不如無書」，因爲書中所載，有傳聞的，有假託的，有脫落的，不一定件件可靠。卽古蹟或古器也有假託或僞造的，也必須加以考證。考證在歷史的方法中最爲重要，因此考證成了一種專門的方法論。例如中國所謂漢學或考據學雖然偏重古書，也可應用於歷史方面。第三步要將考證確實了的歷史事實，加以詳細的分析，使其涵義完全明白。第四步要將已經分析明白的涵義與同類或相關的事實——本國的和外國的——互相比較而發見其同點或異點。第五步要綜合已經分析和比較的事實而加以論斷成爲一種結論。至於每種步驟的詳細方法，須參考專書，此地不能多說。

第二實際的研究方法——實際的研究方法，又可分爲數種如下：

（一）普通觀察法——研究者對於某種社會生活的事實，站在旁觀的地位，加以考察，而發見其眞相和變遷。這種方法簡而易學，純任事實的自然變化，不必另加人力。不過觀察所得的印象多屬片斷的，粗略的，和暫時的，不一定十分可靠。而一般人又常好用這種方法來評論社會的事實，以致社會的眞相不易明白。

（二）社會調查法——社會調查法可以說還是一種觀察法。不過這種觀察法比較有計劃，有規模而又用統計的方法分析所得的事實罷了。社會調查法可以施用於一切關於社會生活的調查，例如人口調查，學校調查，經濟調查，勞工調查，土地調查等。但無論爲何種大規模或小規模的調查，必須經過五種步驟：第一步要確定調查的計劃，卽確定調查的目的、範圍和具體方法；第二步要用訪問或表格的方法搜集必要的事實；第三步要用統計的方法分析所得的事實；第四步要詳細解釋分析的結果；第五步要依據分析的結果而指示改進的適當方法。這樣從事社會調查所得的結論，才比較的可爲解決社會問題的張本。可惜現在好談社會問題的人們，多數只知抄襲洋八股來妄談改進的方法，不但自己沒有從事社會調查，而且沒有取用他人的社會調查做根據，豈不越談越糟，永遠找不出一個切合事實的改進方法嗎？比如中國土地的分配，是集中在少數大地主，還是分散在多數自耕農？這個問題不能取證於俄國，更不能用冒充科學的馬克斯主義做辯護，只可依據中國土地實際分配情形來論斷。在未明中國土地實際分配情形以前，假造統計，冒昧提出任何理想的主張，不但不能解決本問題，還要另外造出許多問題來，益發無法解決了。由此可見社會調查對於解決社會問題的重要。

（三）例案考究法——例案考究法卽英文所謂 Case method，有人譯作個案法，又有人譯作個例法，均嫌生硬。此法合用歷史法和調查法於特殊的個人，特殊的家庭，或其他任何特殊的社會，而考究其歷史與現狀，以為改進的張本。由此法所得的結果比較精細而近於實際，於特殊問題的診斷，例如犯罪兒童的診斷最有幫助。不過問題既是特殊的，又需長時間的考究，則於普泛的問題便無暇顧及了。

（四）社會試驗法——自古代一直到現代所有一切社會上的制度都曾經過歷史的試驗，在特殊的社會環境之下表現時代的效用。環境變了，時代又變了，舊制度發生了毛病，新制度的試驗，便自然開始。此種試驗雖不必是有規模有計劃的實施，然總算是一種試驗。故社會學的材料，早已具有試驗的性質。現代因為試驗方法在自然科學中已奏了驚人的效果，於是有人主張社會科學也應用試驗方法來研究，使其成為比較精確的科學——試驗的社會科學，在實際上，與自然科學比較接近的心理學早已從事試驗了，成功所謂試驗心理學，固不待說。純粹的社會科學如像教育學也早有人用科學的方法從事試驗，有了試驗學校和試驗教育學，也不待說，即其他社會科學如政治學和經濟學也不少試驗的企圖。專門的社會科學既有注意試驗方法的趨勢，普通社會科學自然隨着有成功試驗社會學之一日。不過社會的環境既極其複雜，而各個問題又互相牽連，小規模的試驗還可勉強實施，大規模的試驗幾乎不易措手。冒昧試驗，決難得着好結果。然而現在一般有志改造社會的青年都想拿一種理想來試驗。要試驗，實在未可厚非，要冒昧試驗便萬萬不可。我們如何才不是冒昧試驗呢？第一在試驗的主旨上，我們要始終記着：不得以多數人民供我們試驗的犧牲，更不得以中國人民供外國試驗的犧牲。在試驗的步驟上，要確定問題。爲易於求得試驗的效果起見，試驗的問題越少越好，越小越好，最好是每一次試驗只限於一個小問題，這是小規模的社會試驗應遵守的規則。至於最大規模的社會試驗也要將問題的範圍和性質限定，決不可妄想用一種試驗總解決一切問題。第二要愼選假設。一切關於社會的學說，主義，政策和方法都只算是假設。我們應用那一種假設來解決所已確定的問題呢？我們必須仔細看看那一種假設切合時地人的三種情形。比如選一種假設來解決中國問題，便須看那種假設是否切合中國的時代、環境和民族性，如果不合，便不宜用。第三步要預備試驗必要的工具，時時刻刻小心地去實施試驗。第四步要將試驗的結果仔細考核一番，看看成效如何，如果利少害多便不可再試驗。遵守上述的試驗主旨和步驟，才配做一個社會改造家，眞正可使社會用試驗的方法來改進。

總之，研究社會學要兼用歷史的方法和實際的方法——科學的方法，才能成爲眞正的科學。方法錯誤，不但足以使社會學重行走上玄學的舊道，而且足以貽害社會，不可不小心辨別選擇。

第四章　社會生活的自然環境

一、自然環境對於社會生活的影響

我們要明瞭社會生活，第一要明瞭自然環境對於社會生活的影響。人類自動物進化而來的時候，即在自然環境中過社會生活，猶之乎一般動物必在自然環境中過生活，而對於自然環境有相當的適應作用。大概人類社會生活必須適應的自然環境有氣候，如寒溫熱帶及季節等；有地形，如山脈，河流，海洋，平原，沙漠等；有物產，如天然物產的種類和性質等。此等自然環境對於人類社會生活的影響，可以分說如下：

（一）自然環境對於經濟生活的影響——人類的經濟生活不外衣、食、住、用、行五項，其中衣住兩項最受氣候的影響。寒帶多服皮裘，熱帶可以赤膊，而溫帶則隨季節不同。多風的地帶，住必堅實而矮。少風的地帶，住可疏鬆而高。雨量適宜的地方，經濟生活必比較充裕。雨量稀少的地方，經濟生活必比較窘嗇。行或交通最受地形的影響。山脈沙漠最不便於交通，平原較便於交通，河流和海洋在太古是交通的阻礙，以後因交通方法逐漸進步，也便於交通。經濟生活的中心區域，必在交通最便的地方。如上海在揚子江口，廣州在珠江口，天津在白河口，漢口在漢水口，除漢口外，都與外洋直接交通。物產因氣候和土壤而不同，在雨量均勻和土壤肥沃的地方，物產必豐富，因之經濟生活也發達。在雨量稀少和土壤磽瘠的地方，物產必不豐富，因之經濟生活也難發達。而經濟生活的性質或職業，又常依物產的種類而不同，例如農產便有農夫的職業，海產便有漁夫的職業。

（二）自然環境對於政治生活的影響——寒帶人民過於寒苦，熱帶人民過於疏懶，均不易建立政治的組織。而溫帶人民則比較適於政治生活，這是氣候對於政治生活的影響。自人類有了政治組織，即形成許多分立的國家。爲地形所限是一個原因。大概平原易於建立統一的政治組織。高原或山脈縱橫，易成爲列國分立。只有農業的地方，易趨於君主專制。有了商業的地方，易進爲民主共和。古代多君主專制，近代多民主共和的原因，也可以應用這種理由來解釋一部分。

（三）自然環境對於健康生活的影響——寒熱兩帶最不適於健康，而溫帶則較適宜。夏秋兩季也不適於健康，而春冬則比較適宜。亢旱或霉雨均不適於健康，而「雨暘時若」則比較適宜於健康。而且氣候不同，人們所害的疾病也不同。例如鼠疫只見於寒帶或冬季，虎列拉只見於熱帶或夏季。至於地形和物產對於健康生活雖不無多少影響，但不及氣候的重大。

（四）自然環境對於兩性生活的影響。人們結婚的遲早，與氣候有幾分關係。熱帶易於發育，結婚最早，十二歲即可生小孩子，溫帶較遲，而寒帶最遲。在貧瘠的區域有人口過剩的恐慌，多有遲婚的趨向。在富裕的區域，則不憂人口過剩，多有早婚的趨向。

（五）自然環境對於文化生活的影響——人類文化生活的最初產生，多在溫帶，而且多在溫帶中有河流的區域。例如中國，印度，埃及和巴比倫均在溫帶，而又有河流——中國有黃河揚子江，印度有恒河，埃及有尼羅河，巴比倫有阿付臘底斯，和底格里斯河——既便交通，又多物產，所以成了古代文化發源地。不但河流有助於文化生活的發展，而海岸線的長短，也大有幫助。例如歐洲海岸線最長，於歐洲近代文化的特別發展，可以解釋一部分。社會的道德標準也因自然環境而不同。例如美國北部工商發達，以奴隸制度爲不道德。而南部多經營農業，竟以奴隸制度爲神聖不可侵犯。社會的風俗習慣也受自然環境的影響，例如賽球不能在極寒帶舉行，滑氷不能在極熱帶舉行。社會的迷信宗教也受自然環境的影響，例如濱海的人民多崇拜海神，居山的人民多崇拜山神。交通方法和生產方法因自然環境而不同，更是顯而易見的事。總之，無論任何文化生活必定多少受自然環境的影響。

二、自然環境在社會生活中的限度

自然環境對於社會生活的影響，業已粗略說明如上，由此可知社會生活有一部分為自然環境所安排，不能純用人類的意志，或主觀的動機來解釋，尤其是解釋原人或野蠻人的社會生活，不能忘却自然環境的勢力。不過我們要十分明瞭社會生活，尤其是近代社會生活的眞相，還要注意以下幾點：

（一）自然環境只是影響社會生活的一種要素，而不是惟一的重要要素。完全忽略自然環境對於社會生活的影響，固不免是唯心論者的一種空想，反之，以社會生活完全由自然環境造成，而完全忽略社會生活中生物的，心理的和文化的要素，也不免是唯物論者的一種武斷，均與實際事實不合。

（二）自然環境在古代社會生活的勢力比較重大，但在近代社會生活的勢力，則比較減少。原來人類比一般動物較為進化的特點，卽在動物只能適應自然環境，人類除能適應自然環境外，還能控制自然環境，改造自然環境，利用自然環境。人類在最初用雙手控制自然環境。再進一步，發明了工具和交通方法，人類控制自然環境的能力也隨之增進。到了近代，因科學發達的結果，一切工具和交通方法均得大進步，人類控制自然環境的能力也大進步。例如空有飛機，陸有鐵道，海有汽船。從前一切地形的險阻，現在都比較失其重要了。從前日常所需，多取於本地物產，現在可以由轉運得自世界各國，大地也縮小了。

第五章　社會生活的生物基礎

一、人類的生物性與社會生活的影響

人類也是一種生物。這種生物雖然比較他種生物最爲進化，但人類與他種生物的重要分別，只在進化的程度，不在性質的差異。而且依據解剖學，組織學，胚胎學和古生物學研究的結果，人類確是由高等動物進化而來的，與高等動物尤其是猿類有血統上的關係。因此一般動植物具有的生物性，人類也是具有的。例如一般動植物有遺傳性，人類也有遺傳性。一般動植物有變異性，人類也有變異性。一般動植物有競爭性，人類也有競爭性。現在分別說明這幾種人類的生物性對於社會生活的影響。

（一）遺傳性對於社會生活的影響——所謂遺傳，即是同類產生同類。俗話說種瓜得瓜，種豆得豆，便含有遺傳的意義在內。關於生物遺傳的問題，在奧國曼德爾 Mendel

以前只有常識的推論，沒有實驗的研究。到曼德爾實驗豌豆的結果，發見遺傳有一定的定律可尋。例如黃豌豆與青豌豆配合，第二代只生產黃豌豆。但是用第二代的黃豌豆互相配合，却產生黃豌豆與青豌豆成三與一之比。在第二代只產生黃豌豆，不生青豌豆的原因，曼德爾以為由「隱顯律」所支配，黃色顯明，青色隱藏。在第三代又生青豌豆的原因，曼德爾以為由「分離律」所支配，隱藏的青色分離黃色而顯明耳。這即是所謂曼德爾定律Mendel's Law的一部分。曼德爾研究的結果，經荷蘭的德甫理斯De Vries介紹於世，又加以實驗的印證，於是遺傳學得以成立。關於人類的遺傳雖不能如一般動植物同樣試驗，但據常識的觀察，和統計的研究，子女和父母間甚至祖先間確有遺傳的關係。什麼性質可以遺傳，什麼性質不可以遺傳？據法國拉馬克（Lamarck）的學說，則以習得性可遺傳Inheritance of acquired Characters。據德國魏茲曼（Weismann）的學說，則以生物的細胞有兩種：一為身體細胞（Body cell），一為生殖細胞（Germ cell）。習得性只能影響身體細胞，不能影響生殖細胞，而生殖細胞則世代遺傳，繼續不絕，遺傳性則含在生殖細胞內的染色體（Chromosomes）中。果爾，則遺傳性對於社會生活的影響，至少有三種：第一同類產生同類，是以有家族和種族等結合，社會生活因以成立，並且漸次擴大；第二生殖細胞緜延不絕，社會生活因亦繼續不斷；第三社會生活的性質至少有一部分為人類的遺傳性所決定。

（二）變異性對於社會生活的影響——生物雖然同類產生同類，但同類之中又有變異Variation。同一父母所生的子女甚至雙生子，不但子女彼此不同，卽與父母也不完全相類。這種變異發生的原因，多少由於環境的不同——有的由於食物，有的由於氣候，有的由於住所，有的由於其他各種社會原因。關於怎樣變異的問題則有兩種說法：據達爾文的說法，則變異是積漸的。據荷蘭得甫理斯(De Vries)的說法，則變異是突變的Mutation。大概漸變是生物進化的常例，突變是生物進化的特例。因爲生物有變異性才演進人類出來，而人類仍有這種變異性，才使社會生活一天複雜一天，繼續向前進化。如果人類沒有變異性，則人類都成了一個模型，社會生活決不能像現在這樣複雜，也就缺少進化了。

（三）競爭性對於社會生活的影響——生存競爭是一般生物的現象，人類既是生物，自然免不了生存競爭。人類的生存競爭，小而言之，如個人的決鬬；大而言之，如國際的戰爭，均足使社會生活發生多少變化。一般動植物的生存競爭多以個體爲單位，而人類的生存競爭，多以團體爲單位。對於團體以外能盡力競爭，對於團體以內能盡力互助的，便得生存；否則只有歸於自然淘汰，與一般的動植物陷於同一的命運。人類如同一般動植物除受自然淘汰的支配外，又受人爲淘汰的支配，以促進社會生活。例如優生學便是想用人爲淘汰的方法，以改良人種。不過人爲淘汰，仍須要利用人類的競爭性，所以競爭性對於社會生活的影響不下於遺傳性與變異性。

二、人口的質量對於社會生活的影響

人類由不同的原因，組成各種社會生活。有的由於兩性的原因，而組成家庭。有的由於血統的原因，而組成家族甚至種族。有的由於宗教的原因，而組成教會。有的由於經濟的原因，而組成農工商社會。有的由於教育的原因，而組成學校。有的由於學術的原因而組成學會。有的由於職業的原因而組成行會。有的由於政治的原因而組成國家。自古代到近代人類組成社會生活最普遍、而且最有力的原因爲血統，所以有所謂宗法社會。但入了近代以後，因人口轉徙，血統混淆和其他種種關係，宗法社會漸次崩潰，而以政治爲組成社會生活最普遍、而且最有力的原因，於是國家社會因之代興。任何社會生活——自小的家庭以至大的國家，均因人口的質量關係，發生重大的影響，現在分別說明如下：

（一）人口的品質對於社會生活的影響——所謂人口的品質，大概包含人口的體格，心性，兩性和年齡等。先說體格對於社會生活的影響。體格的健全與不健全一部分由於先天的遺傳，一部分由於後天的營養與鍛鍊。任何社會中多數人口的體格健全，必定精力充足，使生活呈現一種蓬勃的生氣，反之必定精力缺乏，使社會生活暴露一種萎頓的病象。因此要改造社會生活，必須使多數人口的體格健全起來，才能充分達到改造的目的。

次說心性對於社會生活的影響。人口的心性是爲先天所決定，還是爲後天所決定，現在尚是一個爭論的問題。大概，我們可以說心性爲先天所決定的成分不及後天之多，就是先天所決定的一部分心性也要待後天來擴充，甚至可以由後天來改造。不管心性是先天的，還是後天的，總之對於社會生活要發生多少影響。例如平和的心性易使社會生活趨於安靜，激動的心性易使社會生活發生變化；聰秀的心性易使社會生活進步，愚魯的心性易使社會生活停滯。

再說兩性對於社會生活的影響。兩性的差異在心理上多起於後天，而在生理上則全決於先天，這是不能否認的事實。因爲有差異，在社會生活中發生各別的功用，而可以互相調劑。通常一個社會，男性和女性常保持均衡的比例，但是有了特別原因，如溺女嬰及戰爭等，致男多於女，或女多於男時，社會生活定然起了病態。

最後再說年齡對於社會生活的影響。通常人口的年齡分配，大概少年多於壯年，壯年多於老年。壯年的比例數在都市社會常大於鄉村社會。又年齡的分配可由戰爭、轉徙及其他原因發生變化。壯年的比例數大的，社會生活易於發展，反之，社會生活必遭頓挫。至於由年齡相近的組成之特種社會，例如學校多由少年組成，軍隊多由壯年組成，養老院多由老年組成，其影響於生活狀況更不待說了。

（二）人口的數量對於社會生活的影響——社會生活的成立，必須人口達到至少限度的數量。例如家庭至少須有一男一女，社會生活的發展也須待人口的數量增加以後。例如國家沒有多數人口便無由發展，甚至不能生存。由此可見人口的數量對於社會生活的影響不小。一個社會人口的多少，常由生產，死亡和遷徙等關係而決定。生產率的高低多依經濟狀況，文化程度和風俗制度等而決定。經濟充裕，食物充足的社會，生產率多較經濟窘迫，食物缺乏的社會為高。文化程度低的社會，生產率常較文化程度高的社會為高。風俗制度獎勵早婚多子的社會，生產率常較風俗制度限制早婚多子的社會為高。死亡率的高低，多依年齡，天災，疾病和戰爭等而決定。年齡在嬰兒期，死亡率最高，至幼年期稍低，二十五歲以後又逐年加高以至於老年。多天災、疾病和戰爭的社會死亡率較少天災、疾病和戰爭的社會為高。各國人口統計的生產率多高於死亡率，以故人口的數量，多有逐年增加的趨勢，於是不免有人滿之患。改良土地，節制生育和國外殖民等方法的問題也就隨着起來。不過這些方法對於人口問題只能解決一部分，終久人口增加對於社會生活還是一個問題。

至於說到人口的遷徙對於社會生活的影響，更爲顯明。國外殖民可使殖民國的社會生活趨於安定，國內移民也可使國內的社會生活趨於安定，移民的地方也可藉移民將社會生活發展起來。

第六章　社會生活的心理基礎

一、個人行爲的互相感應與社會生活

從心理學上說來，所謂社會生活不過是個人行爲的互相感應而已。每個個人的任何行爲，對於他人的行爲，是一種刺激，便是一種「感」，可以發生一種反應，便是「應」；同時他人對於某個個人行爲的刺激的反應，又可爲某個個人行爲的刺激，而發生一種反應。個人互爲刺激，互爲反應，於是構成社會生活。個人互相感應的關係愈複雜，社會生活的關係也愈複雜。故社會生活可以說是個人行爲互相感應的集合體。如果個人不能互爲刺激，又不能互爲反應，則社會生活無由成立，也就無所謂社會傳統或文化了。

同是一個刺激，在許多的個人行爲上不一定發生同樣的反應，甚至在同一個人行爲上前後的反應也不一定相同。個人行爲的反應形式，大概可以分爲以下數種：

（一）原來反應與交替反應——某種刺激原來所引起的反應，叫做原來反應；換了一種刺激，仍舊可以引起原來的反應，便叫做交替反應 Conditioned response。例如給兒童以餅乾，可以引起嚥的反應。但是給餅乾於兒童時，先說餅乾兩字，以後不給餅乾，只說餅乾，也可引起嚥的反應，這便是語言的刺激代替了餅乾的刺激。識字的兒童，對於寫的餅乾兩個字也可引起嚥的反應，這又是用文字的刺激代替了語言的刺激。社會生活之所以複雜，即由刺激可以交替，而且可以繼續交替：宗教上利用天國的刺激代替現世的刺激，道德利用精神的刺激代替物質的刺激，美術利用想像的刺激代替實際的刺激。交替反應成功以後，原來的刺激即退處無用，心理學家叫他做刺激的退隱 The Recess of Stimuli。

（二）即時反應與間時反應——刺激一來，立即反應，這種反應叫做即時反應。但刺激來後，每每遇着困難，不知如何反應的好，須得延遲反應的時間，然後反應，這便叫做間時反應 Delayed responce。間時反應對於社會生活的影響極大，茲引證陸志韋先生的說法如下：

『無論怎樣，這種反應在社會上的勢力，大有可觀。……用語言勢態做一個例子。思想的進行，清楚的變爲語言勢態。以語言勢態爲反應，乃能把最後的行爲留待將來。究竟於人類的互相刺激有何影響，可看下面的情景：（一）一時的刺激雖不能立時引起一切反應，而引起這語言勢態的預備作用，所以這些作用才能自身造成制度，永遠有刺激的可能。否則語言不會改進文字，他的論理的價值也不會充分的發展。因爲這些都是人爲現在指示將來的事物。語言只有一時面對面的功用，他的進步必以贊嘆諧聲爲止。（二）烏合之衆利在頓時的暴動。所以在羣衆運動裏，語言勢態只有暗示的性質，目的不出「五分鐘」，當然不必爲人留商榷的餘地。倘能把這些替代的動作延長一些，或能改換幾個環境而把目的放在將來，那非但究竟的動作會穿上文化的冠服，那些語言的符號也會變成章程，憲法，格言，詩歌了。（三）以語言嘗試較少危險。嘗試所以預備新的現象的發現。先有符號，後有擧動，也給人一個所以抑制那個擧動的機會。反應倘使不能間時而發，已成的習慣就不易破除。沒有商量，就沒有進步。那還不如暴動的好。然而暴動只能破壞，破壞之後，依舊要用語言思想的作用回到建設的路。所以在建設之前，仍須留下一段時間，使這些預備的動作，有利用的機會。（四）符號所指示的將來，不但有一定的可能，有時可以發生很顯著的將來。』（見社會心理學新論九一至九二頁）

間時反應固可與個人行爲以反省和預備的機會，也可與個人行爲以迂迴作僞的機會，於是社會生活更複雜得不易追究了。

（三）外部反應與內部反應——個人行為對於一種刺激的反應，可以分為兩部分：一為外部反應，卽由刺激而引起之軀殼上的動作；又一為內部反應，卽由刺激而引起之臟腑上的動作。例如食物是一個刺激，見了食物便去拿來吃的動作，卽屬於外部反應，又叫顯的反應；同時臟腑上起了分泌作用，乃屬於內部反應，又叫隱的反應。通常社會上所謂禮法，在抑制個人的外部反應。所謂道德和宗教，在同時抑制外部反應和內部反應。這種抑制方法奏了效果，在個人行為成了一種習慣時，社會秩序得以維持；否則社會生活必至紊亂到新習慣養成時，乃得安定。

二、本能的行為對於社會生活的影響

本能是行為的一種自然傾向。這種傾向，雖可以用學習的方法使他理想化Sublimation或社會化 Socialization，但對於社會生活的影響卻是不小，現在分說如下：

（一）兩性本能與社會生活——人類先天有兩性的根本差異。此種差異，達到成年以後，便漸次發生一種兩性結合的要求，卽兩性本能的要求，於是成立了家庭，為社會的一種原始組織。社會生活因兩性結合的形式不同而生多少變化。但不論任何形式，兩性本能的要求，必定在社會生活中佔一個重要的位置。我們固然不可過分相信佛洛伊德 Freud 以性欲解釋一切人生現象，却不能不承認「飲食男女，人之大欲存焉。」男女的大欲，不能充分滿足時，便另找出路，如文學美術卽可做性慾的理想的出路。

（二）父母本能與社會生活——兩性結合以後的產物，任何父母都有一種盡力愛護的自然傾向，這叫做父母本能，或者叫做慈愛本能。子女如果不是父母有這種慈愛本能，卽無由長大成人，或者可以長大成人，但得不着父母之愛，必與普通子女的人格稍有差異。慈愛本能不但對於子女的教養有極大的關係，而且爲着對於子女的慈愛，可使家庭的組織益加鞏固。

（三）飲食本能與社會生活——一個人生下來便要飲食，不得飲食，便要餓死。因爲有這種飲食本能的自然要求，才與滿足要求的物質共同構成社會的經濟生活，如果沒有這種自然的要求，縱有物質，也不能成爲經濟生活。所以研究經濟生活的經濟學常常提到「欲望」，或「經濟的欲望」。經濟學上又有所謂「需要」，卽與這種本能有密切的關係。

（四）羣居本能與社會生活——任何個人都有尋求伴侶的一種自然傾向，在兒童時代有結黨和組織兄弟會的現象，卽羣居本能的一種出路。成年以後也好結社集會，至少有一部分原因是由羣居本能在那里找出路。卽不結社集會的人也不慣離羣索居，而向人多的處所去遊玩，或生活。因此社會的關係更加複雜。

（五）競爭本能與社會生活——前章已從生物學上說明人類有一種競爭性，此種競爭性在心理學上可以說是競爭本能。不過生物學上所謂競爭多表現在物質的生存競爭上，而競爭本能則擴大了表現的範圍，凡物質，名譽，地位，權力，以及道德學問等，人類都有爭勝的自然傾向。這種傾向，或者表現在個人與個人之間，例如個人的決鬭；或者表現在團體與團體之間，例如國際的競爭。個人間的競爭不及團體間的競爭可操勝算，所以現代團體間的競爭多於個人間的競爭。社會生活也就由此一天複雜一天。孔子是個極講讓德的人，但是也說「君子無所爭，必也射乎。」可見所謂君子對於競爭本能雖能用修養的方法改變方向，却不能將他滅絕。如果競爭本能滅絕，必使社會生活陷於停滯，消沉，甚至死亡的狀態。

（六）求知本能與社會生活——求知本能也叫驚奇本能。人類對於自然現象和社會現象有求得一種解釋的自然傾向。在原人或未受過教育的人多從神學上解釋一切現象，於是產生了宗教。稍為進化以後，多從哲學上解釋一切現象，於是產生了哲學。到近代才多從科學上解釋一切現象，於是產生了科學。如果人類沒有這種求知的自然傾向，近代科學上的發明，決不會如此之多，而近代的社會生活也不會如此大變化了。自然一切科學上的發明，不一定全由求知本能的作用，但求知本能總多少有助於一切發明。

以上將幾種本能對於社會生活的影響，略爲說明。還須補說兩句：本能可由學習而變爲習慣。本能變爲習慣之後，本能的原來面目便不易認識。因此極端行爲派的心理學家不講本能，只講習慣。此種說法雖可矯正亂講本能的流弊，却也不免過於忽視行爲的先天傾向。

三、習慣的行爲對於社會生活的影響

習慣是由試行錯誤 Trial and Error 的方法，逐漸淘汰無定向動作 Random movement，而成一種機械性的反應。此種反應既可節省時間，又可節省精力。所以習慣對於個人的幫助極大。如果個人沒有習慣，便無法應付複雜的社會環境；同時社會環境之得以複雜，與社會生活之得以維持，也賴個人有許多習慣，尤其賴有社會性的習慣。所謂社會性的習慣，乃個人在社會生活中造成的一種共同習慣。例如風俗、道德和法律等是維持社會生活的習慣。有了此種習慣，社會生活乃得安定。沒有此種習慣，社會生活必陷於混亂。又如語言文字等，是交通社會生活的一種習慣。個人要學會了此種習慣，才能參加複雜的社會生活。社會生活要有了此種習慣，才能溝通個人間的情意，而繼往開來。

一切社會性習慣的養成或改造，大約可以分爲兩種方式：第一種方式爲暗示或提示與響應。在社會中某個人在言論或行動上有一種暗示或提示，得到多數個人的響應時，便可漸次成功習慣的風俗，道德，法律，具有一種權威，使少數尙未響應的人不能不響應。一經最大多數，甚至全體的人都習慣了之後，便一面有保守性，一面具有排斥性，以維持社會生活。第二種方式爲強迫與服從。例如軍隊之於士兵，學校之於學生，國家之於人民，團體之於分子，都需要用強迫的方法使他們服從，以養成新的共同習慣，或改造舊的共同習慣。習慣旣具有保守性，所以要改造一種舊習慣，比養成一種新習慣爲難；要改造舊習慣的全部分，比改造舊習慣的一部分爲難；要改造一切舊習慣，比改造一種舊習慣爲難。由此可知社會的革新事業，必須經過相當時間才能十分奏效的理由。

第七章　社會生活的文化基礎

一、文化的意義

文化是人類依其生物的和心理的基礎，適應或改造自然環境和社會環境的產物。人類旣不能離開自然環境而生活，必得想個方法才可以在自然環境中生活下去，於是發明了工具，機器，衣服，食物，房屋，橋樑和舟車等，以適應或改造自然環境。人類又不能離開社會環境而生活，也必得想個方法才可以在社會環境中生活下去，於是發明了語言，文字，風俗，制度，法律和道德等，以適應或改造社會環境。人類爲應用適應或改造自然環境和社會環境的產物——文化於實際生活，或者爲解釋自然環境和社會環境的眞相，以促進實際生活，於是又產生了宗教，藝術，哲學和科學。以上種種產物，都可以包含在「文化」一個總名詞之內。文化與物質不一定是對待的名詞，因爲文化既不純粹是物質的，也不純粹是精神的，而同時含有精神和物質的成分。例如工具，機器，衣服，食物，房屋，橋樑，和舟車等，通常認爲是物質的，或「物質文化」。但是工具，機器等之由通常的物質變爲工具，機器，必定加上人類的意匠和功夫，才能成功。意匠和功夫不能認做物質，可見工具和機器等，也含有精神的成分。又如宗教，藝術，哲學和科學等，通常認爲是精神的，或精神文化。但是宗教，藝術，哲學和科學等必定要表現在物質的形式上，才能使我們認識，至少也要與物質發生關係，才能在社會生活中發生重大的影響。因此，我們可以說，所謂精神文化也多少含有物質的成分。只從物質方面說明文化，便成了死的文化，不免流爲淺薄的唯物論。只從精神方面說明文化，便成了空的文化，不免流爲虛玄的唯心論。物質和精神在整個的文化中是不可分的。通常所謂物質文化和精神文化，只是爲說話的方便，強爲分別，將物質成分多的叫做物質文化，精神成分多的叫做精神文化而已。我們決不可將強爲分別的文化說法，認作文化的眞相。

二、文化對於社會生活的影響

我們明瞭文化的眞實意義之後，才可進而說明文化對於社會生活的影響，如下：

（一）文化積累社會生活的成績——人類社會生活的成績，一代一代的積累下來，便成了所謂文化，前一代的文化可以傳給後一代以至無窮代，如同生物的遺傳一樣，可以叫做文化的遺傳 Cultural inheritance 或社會的遺傳 Social inheritance。一切文化均可以遺傳，但在實際上文化的遺傳是有選擇的。大概對於社會生活有效用的文化易於逐代遺傳下去，否則便不免漸次遺失。文化遺傳幾代之後，便在個人的行爲上養成一種習慣，一面具有保守性，一面具有反抗性，而成功所謂文化的惰性。文化的惰性在社會生活中具有極大的權威，常常足以阻止文化的改造。不過社會生活變遷以後，有些舊文化往往失其效用，不能再繼續遺傳，或者成爲有名無實的文化遺形（Cultural survival）。繼舊文化而起的新文化，或者由於發明，或者由於移植，也一代一代的積累起來，遺傳下去，於是社會生活的成績愈積愈多，而文化「不可勝用矣」。

（二）文化調整社會生活的秩序——社會生活必須有一種秩序，此種秩序卽賴文化來調整。文化從兩方面調整社會生活的秩序：第一方面爲文化與人性的調整。人性有種種的自然傾向或要求，文化必須與以最低限度的滿足，乃能建立起社會生活的秩序。完全不能滿足人性要求的文化，縱能建立一種社會秩序，那是死的秩序，決不能在動的社會中永久繼續下去。反過來說，文化滿足人性的要求，也要有一個最高限度，社會生活的秩序乃能建立起來。如果任人自由縱欲敗度，必致社會秩序完全破壞，大家都不能生活了。所以文化必須酌定一種滿足人性要求的最低限度與最高限度，使多數人民得以生活其間，這便是文化對於人性的調整。第二方面爲文化各部分的互相調整。文化各部分是互相關聯的，必須互相調整，乃能建立起一種社會秩序。否則必有問題發生。已經某種文化調整的社會秩序，往往與他種文化調整的社會秩序不同，有些社會學者叫此種現象爲社會模型 Social pattern 或文化模型 Cultural pattern。例如中國文化是一種模型，印度文化與西洋文化又各是一種模型，而彼此的社會秩序也隨之不同。

就社會進化的歷史說來，滿足人性要求的最低限度，有繼長增高的趨勢。新文化的發明與移植也一天加多一天。於是在舊文化調整下的社會秩序，不能繼續維持，而有文化失調的現象發生。文化既經失調之後，社會生活便陷於一種不安定的狀態，而有待於重行調整。重行調整文化，以建立社會的新秩序，如果只涉及社會局部的問題，無論用改良或革命的方法，均比較容易解決。如果涉及社會全部的問題，則雖用所謂最革命的方法，經過長時期的混亂，無數人的犧牲，也不易得到理想的結果。因此，我們要重行調整文化，或改造社會，必須集中革命目標於最重要的社會問題，然後易於收得效果。否則徒以他人爲犧牲，必引起極大的反動，延遲文化的重行調整，增加社會的紛擾。

（三）文化加速社會生活的進化——人類有史以來，自然環境，生物的和心理的要素並無重大的變化，足以加速社會生活的進化，而社會生活的進化，則時代愈近，進化愈快。加速社會進化的最大原因，不在自然環境，也不在生物的和心理的要素，而在文化。文化一代一代的積累下來，於是愈積愈多，大有助於文化的新發明。所謂文化的新發明，固有賴於個人的天才，然無過去文化的基礎則發明也無所資藉。過去文化的基礎愈多，發明的資藉也愈多，而新發明也因之愈多。近代文化的基礎比古代的多，所以近代的發明也比古代多。新發明既多，自然可以加速社會生活的進化。文化不但可由自行發明以加速社會生活的進化，而且可由互相移植以加速社會生活的進化。古代社會因交通阻塞，多賴自行發明以促進社會。不過發明不多，進化也就不快。中世以後，世界各國漸次交通，到了現代，已無一國不可交通。因此各國的固有文化和新發明均可互相移植，於是社會的進化更加速。不過各國固有的文化，都有一種特殊模型，文化的移植從而生出難易來。如果一個社會的文化歷史甚短，文化的內容甚少，則文化的移植易於奏效。否則移植的文化便有阻礙，不易奏效。例如西洋文化移植到印度，不及移植到非、澳、美等洲的迅速，便是一個證明。如果移植的文化與固有的文化性質相近，便易於接受，並且融合爲一氣。否則移植的文化必與固有的文化經過長時期的衝突，才能漸次佔有勢力。例如西洋文化在歐美諸國間互相移植，不大生問題，而西洋文化移植到中國來，雖有一百年以上的歷史，猶未能完全接受，便是一個證明。如果移植的文化屬於物質方面的易於接受，屬於精神方面的不易於接受。例如中國對於西洋的輪船，火車，槍砲，機器等物質文化早經移植過來，而對於西洋的科學，藝術，政治，風俗以及一切社會組織方法，尙未能使一般人一一接受，便是一個證明。

（四）文化增進社會生活的關係——文化之中，最足以增進社會生活的關係的，莫過於交通方法。在交通方法未進步以前，社會生活的關係比較簡單，而且發生關係的範圍也比較狹小。但自交通方法進步以來，社會生活的關係便一天複雜一天，而且社會生活的範圍由地方擴大到世界，竟有「天涯若比鄰」之概。電話，電報，郵務，輪船，汽車，火車，電車，飛機以及新聞紙，廣播等等都是近代交通的重要方法。社會生活的關係全賴這些方法複雜起來，致令未開化的人民不能想像，可見文化對於社會生活的關係的重要了。

第八章　社會生活中的個人

一、什麼是個人？

個人兩個字，是我們常常聽慣了的，也是我們常常說慣了的。但是個人究竟是什麼，實在不易下一個合於科學的定義。我們要明瞭個人社會生活中的地位，不可不先將個人的涵義弄清楚。最要緊的，是將常識的個人觀與科學的個人觀分清楚。在常識上以爲個人是與社會相對的。其實個人之於社會，猶如細胞之與機體，細胞只是組成機體的最小單位，個人也只是組成社會的最小單位。細胞不能與機體對立，個人也就不能與社會對立了。我們可以將個人與個人相對，也可以將社會與社會相對，但決不可以個人與社會相對。因爲個人乃含在社會之中，不能超出社會之外，與社會平等看待。簡單點說，我們與其說『個人與社會』，不如說「社會的個人」Social individual，或「社會中的個人」Individual in Society，較爲合於事實，而不易生誤解。

在常識上又以個人表示個人的所有物，如所謂個人的身體，個人的財產，個人的意見等等。其實所謂個人的，還是社會的。例如所謂個人的身體，是由種族遺傳來的，不純是個人的。所謂個人的財產，不過財產因某種關係落在個人手中，而個人「生不帶來，死不帶去，」始終還是社會的。至於所謂個人的意見，更是由社會造成的，個人不過將許多社會上的意見加以分合而已，那里純粹是個人的？

由上說來，常識上所謂個人的意義不一定洽當，我們須進而研究科學上個人的意義。

（一）從生物學上看來，個人不過是一個機體 organism。這個機體在人類的歷史中乃經過長期進化而來，又依遺傳定律蕃殖下去。個人的身體髮膚，不但受之父母，而且受之遠祖以及與遠祖有血緣的動物。個人既成熟以後，又將所得於祖先者傳之子孫。故個人可說是一個遺傳的過渡者。在過渡期中，如同一般動物一樣，可以適應環境，發生多少變異，個人的一切生物狀況要受生物學定律的支配，無法完全逃脫，這便是生物學上的個人觀。

（二）從心理學上看來，個人可由種種刺激 Stimuli 引起種種反應 responses。沒有刺激便沒有反應，沒有反應便不成其爲個人。刺激愈複雜，反應也愈複雜。個人對於刺激的反應可以漸次成功一定的傾向。此種個人反應的一定傾向，心理學家華生 Watson 叫做模式反應 pattern reaction。由模式反應而構成個人的人格，與道德家所謂人格意義不同。每個個人的人格內容或人格表現，具有多少差異，這便是所謂個性 individuality。個性不一定是反社會的性質，還含有許多社會的性質。而個性的造成，大部分要靠自然環境與社會環境的刺激力量。所以心理學上的個人觀，可以說是具有人格（非道德家所謂人格）的模式反應之機體而已。

（三）從社會學上看來，個人在一方面是組成社會生活的分子，在又一方面是社會化 Socialization 的產物，而個人與個人間在社會生活中又互相感應 interaction，互相依賴 interdependence，互相關聯 inter-relation，既不能離羣索居，也不能遺世獨立。由此可知社會學上的個人觀，只認個人是社會組織的最小單位 unit（嚴復譯爲么匿），在全體 total（嚴復譯爲拓都）中可以發生一部分的功用而已。

二、社會生活與個人的關係

從社會學的個人觀，可以得知個人與社會生活的關係極爲密切。個人自出生到死亡全在社會中生活，一時一刻不能離開，甚至未出生以前已在母胎中受了社會的影響，既死亡以後，也受了社會的影響。個人不但與社會不可分離，還可說是社會的產物。個人的生存要賴社會，個人的發展要賴社會，個人的創造也要賴社會。怎麼說個人的生存要賴社會呢？個人託始於母胎，是兩性社會生活的結果。既結胎以後，經過母親營養間接仰給於社會。如果母親營養不足，胎兒便受影響。自出生以至成年，幾乎全部都要社會供養。成年以後，雖可生產，然而衣食住用行也在在需要社會幫助。我們可以說，個人離開社會，簡直不能單獨生活。

怎麼說個人的發展要賴社會呢？個人不能在天上發展，也不能在地下發展，只能在社會中發展，只能在有組織的各種社會中發展——在家庭，學校，農村，工廠，商店以及國家等社會中去發展。此等社會既供給個人許多有組織的行動，減少試行錯誤，增加努力成績，又供給個人許多有力的刺激，使其行爲不能不繼續進行，或改變方向，至於社會化爲止。

怎麼又說個人的創造也要依賴社會呢？創造或者又叫發明，在常人以爲發明要賴個人，不必賴社會，而其實大謬不然。一切發明要靠過去文化的資藉與當前社會的需要。沒有當前社會的需要，便不易引起發明的念頭。沒有過去文化的資藉，便不易着手發明的工作。至於天才雖也是一切發明必要的條件，但是天才並非個人所自有，還是由人類的遺傳得來。既有了天才，而得不着社會的充分教育和幫助，也只有埋沒，無所創造。

個人的生存、發展以及創造既都要依賴社會，那末個人是社會的產物，個人行爲是社會生活的反映，便無疑義了。

三、集團主義與個人主義

在社會生活中是個人比較社會重要，還是社會比較個人重要？有人以爲個人重要，而成功所謂個人主義 individualism，有人以爲社會重要，而成功所謂集團主義 Collectivism；更有人以爲個人與社會同等重要，而成功一種調和論。究竟說來，調和論只是一種和事老的論調，不必切合事實。在事實上個人與社會本非立於相對的地位，個人要在社會中才能發生功用，如何可以視爲同等重要？

個人主義，在近代西洋歷史上有極大的勢力。政治上的放任主義，經濟上的資本主義，教育上的個性主義，文學上的浪漫主義，思想上的無政府主義，事業上的英雄主義，都含有個人主義的彩色。倘若照此等主義盡量發揮下去，社會生活必益趨混亂，無法收拾。所以個人主義發展到現在，不得不稍稍轉向集團主義了。

注重社會的集團主義比較注重個人的個人主義，不但切合事實，而且可以用干涉的方法減少混亂。社會的集團有大有小，每個個人在各集團中都須以社會爲前提，於是又不免各集團間的衝突。爲避免此種衝突起見，不得不以一種集團統制其他一切集團，此種統制的集團，每因時代與環境而不同。在歐美各國業以國家爲統制一切的集團，而在中國尚混亂不堪，還沒有達到這個境地。

總之，社會生活必須在集團主義之上，對於各個個人加以相當的干涉，同時依照法律，保障個人自由，然後可以維持社會生活的秩序，並且加速社會生活的進化。

第九章　社會生活的組織——社會制度

一、什麼是組織？

組織就是結構。一切社會上的結構都有共同的目的，共同的關係和共同的行爲。一種組織的共同目的在組織中的各分子之心理上，有意識的，有無意識的；有意識蒙糊的，有意識淸楚的；但無論如何，必得有一種共同目的，才能成立組織。有了共同目的，新的組織可以創造出來。缺乏共同目的，已有的組織勢必分裂，甚至消滅。故共同目的爲一切組織的第一要素。

一種組織中各個分子的共同關係，有暫時的，有永久的。暫時的共同關係，例如羣衆集會。永久的共同關係，例如國民與國家。又有簡單的，有複雜的。例如一夫一婦的家庭，共同關係最簡單。現代的國家，共同關係最爲複雜。又有鬆疏的，有嚴密的。例如農村的共同關係比較工廠鬆疏，革命黨的共同關係比較普通政黨嚴密。同一組織，除少數例外（如家庭組織），都由簡單趨於複雜，由鬆疏趨於嚴密。有了複雜而嚴密的組織，社會生活乃能顯出科學的條理來。如果簡單而鬆疏的共同關係也沒有，那便不成其爲組織了。所以共同關係是一切組織的第二要素。

一種組織中的各個分子又須有共同行爲。共同行爲是表現共同關係，完成共同目的的必要手段。沒有共同行爲無由見共同關係，也無由達共同目的，所以成爲一切組織的第三要素。共同行爲的成分在各種組織中有多有少。行爲的共同成分多的，各個人的關係密，否則便不免疏了。又共同行爲的規則有成文的，有不成文的。不成文的規則，對於行爲的力量不減於成文的。不過社會既一天複雜一天，非成文的規則不易使各個人十分明瞭，故成文的規則漸漸多起來了。

一種組織如果有了比較明確的共同目的，比較永久的共同關係和比較成文的共同行爲，而得到一般人承認時，便可叫做制度 institution。制度還是組織，不過比較固定耳。一個社會的秩序完全建築在各種制度之上。因此，可以說制度在各種組織中最爲重要，而成了社會的柱石。

二、社會組織的種類

社會組織可就種種觀點分為不同的種類。斯賓塞爾以為全社會是一個有機體；有機體有各種官能 Organ，每個官能又有一種功用 function。社會的各種組織，就是他的官能，每種組織也有一種特殊功用。依此，則社會組織的分類如下：

第一類，維持生活或經濟的組織

1. 生產組織
2. 礦業組織
3. 製造組織
4. 運輸組織
5. 交易組織

第二類，延續生存的組織

1. 家庭組織
2. 醫藥組織
3. 衛生組織

第三類，交通組織

1. 印刷組織

2. 電話、電報和無線電組織

3. 陸上交通組織

4. 水上交通組織

5. 空中交通組織

第四類，文化組織

1. 教會組織

2. 教育制度

3. 科學組織

4. 文學、美術和道德的組織

5. 社交組織

6. 遊戲組織

第五類，管理和保衛組織

1. 國際組織

2.國家組織

a.立法制度

b.司法制度

c.行政制度

d.軍警制度

e.國家教育制度

3.自由團體

a.勞動組織

b.保險組織

c.兄弟會

d.公益團體

e.慈善團體

f.政黨（革命黨包含在內）

又有社會學者就各種社會組織對於個人的關係而分類如下的：

第一、初級社會組織 Primary social groups——此類組織中的各個人的相互關係非常密切，例如家庭，遊戲團體，鄰里 (neighborhood) 或地方團體。

第二、中間社會組織 intermediate social groups——此類組織更增進了個人的直接關係，而制度的形式，傳統的理想和預定的程序成了重要的東西。例如工人團體，農民團體，職業團體，兄弟會，文化俱樂部，教會和學校等。

第三、次級社會組織 secondary social groups——此類組織以制度影響個人，各個人的相互關係比較多爲間接，例如國家，種族，科學團體，各種國際組織以及一切大規模組織的慈善，文化和宣傳機關等。

但就個人的年齡說，在未成年以前受初級社會組織的影響較大，既成年以後受中間及次級社會組織的影響便逐漸增加，因此次級社會組織在現代社會中也佔一個重要的位置。

三、社會組織的統整與分化

社會組織爲避免衝突增進效力起見，一面要統整，一面要分化。統整所以使小的組織變成大的組織，使無系統的組織變成有系統的組織。分化所以使簡單的組織變爲複雜，使渾粗的組織變爲專精。人由胚胎分化爲五官百骸而有一個全部的統整，乃能完成一個人。

並且五官百骸又各有一個分化與統整，才能顯出功用。社會的各種組織好比就是人的五官百骸，既須有全部的統整與分化，以形成社會的模型，又須有各部的統整與分化，使得各盡其用。自社會組織日趨複雜以來，各種組織要一個全部的統整，必賴其中最有力量的一種組織做中心組織，使其餘組織附屬於中心組織之下，才辦得到。例如中世歐洲以教會為社會的中心組織，國家以及其他組織都附屬在教會之下。到了近代歐洲，國家代替了教會的地位做社會的中心組織，以統制其他一切組織，使社會大大進步。現在雖有各種烏托邦的思想家要以世界的組織代替國家的組織，然在國家組織比較完備的歐美各國尚不知若干年代以後才有實現的希望，而在中國國家組織既未確立，則此種思想不過一種幻想而已。如果一定要將幻想變成事實，也必在中國國家建設完成之後才有可能。所以我們不必空空幻想，趕快努力建設中國的國家罷！

第十章　社會生活的標準與節制

一、為甚麼要社會標準？

社會標準 Social Standard 就是社會生活的規則。社會生活何以要規則或標準呢？第

一、因爲個人的行爲要賴社會標準來節制。一個社會中的各個人，智慧不能全同，性情不能全同，意見也不能全同，利害更不能全同。各個人既有此種種不同，所以個人表現出的行爲也就不同。各個人的不同行爲，如果沒有衝突的所在，社會可以不去管他。但是個人行爲的衝突，是常見的事。所以必得要有一個東西，在事先預防衝突，在事後解決衝突。這個東西，便是社會標準。第二、因爲社會的秩序要賴社會標準來維持。人類要在有秩序的社會中才能安定的生活，又要在有秩序的社會中才能普遍的進步。而有秩序的社會，不能憑空建立，必賴社會標準來確定秩序，維持秩序。一個社會如果沒有社會標準來確定秩序，並且維持秩序，便立刻陷於無政府的狀態，不成其爲社會了。無政府主義者以爲純任個人自由，可以建立一種理想的社會秩序，不知社會秩序是要用社會標準節制個人自由，同時保障個人自由，才建立得起來。所以無政府主義者的理想，終久還是一個理想，絕對無法實現。普通人甚至革命者對於革命常有一個共同的誤解，以爲革命就是不要秩序，不要標準。其實革命不過破壞舊秩序，建設新秩序，破壞舊標準，建設新標準，仍舊還是要有一種秩序和標準。如果革命建設不起一種新秩序和新標準，便是革命失敗了。總之，社會生活，一刻離不了社會標準，否則便無法節制各個人的行爲，使其相安了。

二、社會標準的種類

社會標準可從各種觀點分爲若干種類：從時間上說，可以分爲比較暫時的社會標準和比較永久的社會標準。從空間上說，可以分爲比較普遍的社會標準和比較特殊的社會標準。從形式上說，可以分爲比較成文的社會標準和比較不成文的社會標準。從效力上說，可以分爲比較強有力的社會標準和比較無強制力的社會標準。從性質上說，可以分爲比較不定的社會標準和比較確定的社會標準。現在就最後的一種分類詳說如下：

第一比較不定的社會標準有以下各種：

（一）時髦——凡是一時流行的好尚，都可以叫做時髦。時髦的本身常常發生變化，有時變化到前一個時髦與後一個時髦極端衝突。例如從前有時崇尙小袖小褲，又有時崇尙大袖大褲，竟相去有兩三倍之遠。這種時髦的變化，實在找不出什麼精深的理由出來。若要勉強找找，也不外有人要藉時髦出出風頭，同時商人也要藉時髦營利而已。一種時髦的產生，尤其是關於服飾時髦的產生，大都不外於此。但既經產生以後，便有支配一般人，尤其是青年人的行爲之力量，致使人覺得不合時髦，就不舒服。最大的不舒服，就在不合時髦而引起他人的譏笑。因此多數人自然不得不隨時髦風靡了。時髦之所以算做一種社會標準的理由，卽在於此。

（二）羣衆——一個人走到了羣衆中，個人的行動幾乎完全失了自由，而受羣衆行動的支配，因此羣衆也可算做社會標準。羣衆所以能控制個人行爲的理由，不在理性的伸張，而在感情的激動，不在責任的分明，而在動作的激烈。多數人未嘗不知理性和責任的重要，但是一到了羣衆中，受了羣衆感情和動作的驅使，便自自然然的成了羣衆的俘虜，甚至成了羣衆中的發難者。只有投合羣衆當前的心理，盡量煽動羣衆感情的人，才易得羣衆的擁護。由此可知多數個人是受羣衆支配的，而羣衆又不免爲少數個人所操縱。少數操縱羣衆的個人，如果是激烈的，自然羣衆的行動越發激烈；如果是穩健的，羣衆的行動也可緩和下來。羣衆的行動既然偏向感情的動作，而感情是時高時低的。在感情高時，固然可做出驚天動地的大運動；在感情低時，就不免一鬨而鳥獸散矣。而且同一羣衆，如果指導的人換了，前後的行動可以極端相反，今天可以擁護張三，打倒李四，明天也可以打倒張三，擁護李四。專講理性的人們，因此譏笑羣衆行動反復無常，其實羣衆行動從來就是變化無定，只要善於指導，也可轉禍爲福。專門譏笑羣衆與專門利用羣衆者，兩無是處。

（三）輿論或公意——多數個人有順從大家的心理傾向。如果有人指責他違反「公意」，便覺得惶恐不安，所以輿論也有節制個人行爲的力量，也可算做一種社會標準。不過輿論也是不十分確定的，一來因爲一個社會內的各個人不一定個個人願意甚至能夠積極表示意思，二來因爲願意而且能夠表示意思的人，也未必有適當的機會或機關讓他自由發表，三來因爲公開發表的意見，不少含有假冒，威迫，利誘，煽惑和壟斷的臭味，更未必能眞正代表輿論。因此有人譏笑輿論有時是個不可靠的東西。然而輿論雖不甚確定，却有相當的力量：在政治上可從消極方面顯露出來，在社會上還可從積極方面顯露出來。一個國家走上了民治的軌道，自然不只有消極的輿論，而且有積極的輿論。但在專制的國家，因爲言論受壓迫的結果，不易見着積極的輿論，而消極的輿論，却在暗中醞釀起來。一經醞釀成熟，便不免於革命。這是歷史的事實告訴我們的。所以眞正的輿論，在政治上還是不可侮的。至在社會上的輿論，因爲比較少受壓迫，可從積極和消極兩方面顯露出來，以支配個人的行爲，所以俗話說「公道自在人心」。如果社會上的公道也不存在，那個社會必定要大混亂大糟糕了。

第二比較確定的社會標準有以下各種：

（一）風俗　風俗是一種已成習慣的社會標準。一個人處在一種社會，即不免要受那個社會的風俗之支配。沒有受過教育的人，固受風俗的支配，即受過教育的人，也不免多少受風俗的支配。所以俗話說：「習俗移人，賢者不免。」例如中國舊曆過年，有出行，敬神，祭祖，和拜年等特殊風俗。住在都市的人們，尙可自爲風氣，不必遵守這種種舊俗。但是住在鄉村的人們，雖是進過大學，到過外國，也不得不出行，敬神，祭祖，拜年。因爲從來如此，個個如此，一個人便不好不如此，除非有了改革的決心，不怕人譏笑。曾國藩說：「風俗之於人心，始乎微，終乎不可禦者也。」這句話，一面表明風俗具有一種不可抗的力量，一面又表明風俗也可漸漸改革起來，只要有移風易俗的人來不斷的倡導罷了。

（二）禮節——在舊中國禮節成了禮教。禮節是一種社會標準，自然很容易得一般人的承認。坊記上說：「禮者，因人之情而爲之節文，以爲民坊者也。」「民坊」就是社會標準或人己權利義務界限的意思。這種民坊，在舊禮教中不但包含普通儀文在內，卽道德和法律也寓於其中。孔子說：「導之以德，齊之以禮」，便是表明禮含有道德的意思。荀子說：「禮起於何也？曰：人生而有欲，欲而不得則不能無求，求而無度量分界則不能不爭；爭則亂，亂則窮。先王惡其亂也，故制禮義以分之，以養人之欲，給人之求，使欲必不窮乎物，物必不屈於欲，兩者相持而長，是禮之所由起也。」這種養欲給求的禮，又含有法律的意思。這種含義極廣的禮，在周禮，儀禮，禮記，論語以及荀子書中發揮得很詳細，何只「禮儀三百，威儀三千！」曲禮上說：「禮不下庶人」，是我國古代所謂禮只限於貴族使用，平民便可不管了。儒家所謂禮既原來只用於貴族，所以儀文非常繁瑣，不但平民不能適用，便是士大夫以上也未能完全實行。不過人與人往來，却不可無相當的禮。普通禮節如相見點頭握手等，所以表示相互的敬意和愛意，使彼此感覺相當的舒服。特殊禮節如婚禮喪禮，所以表示鄭重，入會禮所以表示責任，海陸軍禮節所以表示威嚴。任何特殊禮節，都有一種特殊意義，雖不可過於繁瑣，近於虛文，也似乎不可完全不要呢。

（三）宗教——從社會學上看來，宗教如同法律一樣，是一種最有權威的社會標準。宗教的規條如神話、教義和神意的啓示等，不但可以支配外面的行爲，還可以支配內心的想像；不但可以支配生前的行爲，還可以支配死後的靈魂。宗教所以有如此大的權威，因爲他的權威立在不可思議的神之上。神無乎不在，可以使人發生一種「上帝臨汝，無二爾心」的敬畏感情。神能奬善，可以使人發生一種升天堂的希望。神能懲惡，可以使人發生一種入地獄的恐怖。神能救人，可以使人於痛苦中得到一種安慰。神雖不可思議，而有富有犧牲精神的教主，代他明定教義，持守教律，號召教徒，於是宗教乃確立，凡入教者不得違反教條。如果違反了教條，既不容於神，又不容於同教者，甚至異教者亦不能容之。例如僧侶尼姑，照佛教教義不得有男女的關係；如果有了，豈但不能在寺觀中安居，即所謂俗人也得加以攻擊甚至驅逐。這可見宗教這個社會標準沒有通融的餘地了。

宗教的權威雖然這樣大，然而必得要人信仰，才能生效力。不信仰上帝者，便無法強其遵守基督教教義。不信仰佛者，便無法強其遵守佛教教義。不信仰伊斯蘭者，便無法強其遵守回教教義。不信仰祖先者，便無法強其遵守儒教教義。卽同一信仰上帝，也因對於教義的解釋不同，發生種種宗派——如耶穌教與天主教，不能相強。那末，這個社會標準，就有所限制了。而且任何信仰，皆有不近情理之處，在科學已經漸次昌明的近代，便有些站不住了。基督教在歐洲的衰頹，拜祖教在中國的動搖，可說是科學發達後的自然趨勢。再想用神道設教，控制多數人，尤其是受過科學教育的人，恐怕已成過去了罷。不過信教自由，在憲法上已有明文保障。因此傳教亦得自由，各教不必以異端互相攻擊了。

（四）道德——道德又叫倫理，是人與人相處的一種道理。這種人與人相處的道理，有的成了風俗的習慣，有的成了宗教的教條，有的成了法律的條文，除此以外，還有一部分以學說爲淵源，以輿論爲後盾，成了一種社會標準。怎樣是有道德？又怎樣是無道德？這在古今中外固無完全相同的標準，然若一個人在某社會中被認爲無道德，便不能見容於某社會，可知道德含有社會的性質，能够節制個人的行爲。有人強分道德爲公德和私德，乃由不明道德的社會性質。其實公德固與社會有關，逃不了社會的制裁，私德也與社會有關，逃不了社會的制裁——輿論的毁譽，不然便無須講什麼私德了。又有人以爲法律是用外力的，道德是用自力的，這也由於不明道德的社會性質。其實道德也要用外力做後盾。一個人被社會認爲有道德，便可在社會中站得住，不然，他也不願講道德了，社會便不免陷於混亂的狀況。一個社會的秩序，總要道德來維繫。不然，不但社會混亂不堪，人生也要失去一部分意義。因此，我們可以說，道德是社會永遠需要的；不過社會變遷了，道德的內容，也不得不隨着改變而已。

（五）法律——法律是一種強有力的社會標準，也是一種最重要的社會標準。近代以前，社會的秩序和個人的行爲，不是用宗教做最重要的標準，便是用道德做最重要的標準，法律還不佔最重要的地位。但是近代以來，宗教的信仰既已衰落，道德的權威也不易建立，於是不得不借重法律，爲維持社會，制裁個人的重要工具。家庭生活啦，經濟生活啦，教育生活啦，政治生活啦，都要納入法律的軌道之中，以成一個法治的社會。在法治的社會中，個人的自由雖有相當的限制，然因有一個明確的共同標準，可資遵守，也可得到一個有秩序的生活。在非法治的社會中，只有少數壞人才有自由，而多數好人却缺少了自由的保障，處處不得自由了。所以中國法家說：「惡法良於無法」。無法的社會，眞是不能一刻生活下去。我們要大家能生活下去，便須趕快建立法律的權威，無論何人都要站在法律統治之下，任何事件都要用法律來制裁。如果不能用法律來制裁，小則引起紛爭，大則引起革命。革命不是不要法律，只是推翻現狀，重新建立一種法律的權威。因此，便是主張革命的人，也要知道法律的重要，而講求究用何種新法律，以統治社會。

三、社會標準的差異與改造

社會標準無論爲風俗，禮節，宗教，道德和法律，都不是一成不變的，而常常隨着時代變遷發生多少差異。例如中國法律，唐律不同於漢律，大淸律不同於唐律，民國以後的民刑律又不同於大淸律。前後時代的律例雖有多少淵源，然前一時代認爲大逆不道的，到了後一時代竟不算一回事，却又是常見的事項。在前淸誹謗朝政，可以殺頭，而在民國批評政治，反變成了人民的權利。在前淸親死不守制三年，可以議處，而在民國不守制三年並不構成罪名，這都是極顯著的例子。各種社會標準不但因時代而變異，並且因國家，甚至因地方而變異。英國的法律不同於法國，法國的宗教不同於德國，德國的風俗不同於美國，美國的禮節不同於中國，中國的道德不同於西歐。我們如果到世界各國去考察，或者翻閱各國的記載，便可發見一切社會標準沒有兩個國家是完全相同的。一切社會標準既有差異，所以每個國家的國民所表現出的行爲，也有幾分特殊的模樣。例如英國的特殊模樣是士大夫 gentleman，美國的特殊模樣是工商家 businessman, 戰前日本的特殊模樣是軍國民，從前中國的特殊模樣是儒士。由這種特殊模樣可以得知各國的國民性。

至於因地方而社會標準發生差異，也是顯而易見的事實。法律上所謂習慣法，可因地方而不同，這是私法上一個通則。再就風俗說，中國的南方風俗有多少與北方不同，東北風俗與西南風俗也有多少不同，即長江流域，下游與中部不同，中部又與上游不同。所以古人有「入國問俗」之說。古代所謂國，不過等於近代所謂省或縣而已。

我們明瞭一切社會標準都隨時代而發生差異，那麼，要保守一種社會標準使他永久不變，是不可能的了。現在中國的時代，不但與一百年或五十年以前大大不同，甚至連十年二十年以前也生出不同。一切舊有社會標準，在多數人心理中已經發生了動搖，沒有實際的控制能力，而新社會標準又未建立起來，所以現出十分混亂的情形。我們要安定中國社會，必須趕快改造舊社會標準，建立新社會標準。舊社會標準多半建立在宗法社會之上，不適於現代生活，我們應酌量改革。新社會標準應建立在國家社會之上，使對內得到平等自由的共同生活，對外得到獨立自主的國際地位，這是改造現代中國社會標準的根本方針。守舊派或改良派不知中國社會已由宗法進到國家，頑固保持或零星修補舊社會標準，固足阻礙中國的進化；某種革命派強使中國社會由宗法跨過國家，而入於空泛的世界，既不可能，反足增加混亂而已。因此，我們如果要用革命的手段，改造中國社會標準，必須首先認淸中國社會進化的階段，方由宗法進到國家，尚未完全進到國家。在此種情境之下，只能改革宗法的社會標準，建立國家的社會標準；不然，就不免徒勞無功。

第十一章　社會生活的進化概觀

一、社會進化與生物進化

宇宙進化到某階段而有生物。生物進化到某階段而有人類。有了人類，而後有社會進化。宇宙進化屬於天文學和地質學的範圍，此地可以不論。生物進化屬於生物學的範圍，而與社會進化有密切的關係。一來因爲人類也是一種生物，要明瞭人類在社會生活中如何進化，必先明瞭人類的生物性；二來因爲社會進化的觀念，是從生物進化觀念借來，要明瞭社會如何進化，必先明瞭生物如何進化。

生物進化的重要觀念爲（一）適應 Adaptation，（二）變異 Variation，（三）天擇 Natural selection，（四）遺傳。任何生物都是依據遺傳的基礎以適應環境。環境不同，便不免發生變異，能變異得與環境適應的，乃可生存，否則不免於死亡。就生存者說，叫作天擇，就死亡者說，叫作淘汰。此種生物進化論自達爾文發明以來，雖有種種補充的學說，如得甫理斯的突變說，魏斯曼的生殖細胞綿延說，克魯泡特金的互助說，然大體仍得生物學者的承認。

社會進化，乃用生物進化的觀念而擴大之。任何社會，都有一種特殊的自然環境。在特殊自然環境中的社會，也必求能適應才能生活，可以叫作社會適應。不過社會生活對於自然環境的適應，不僅限於消極的適應，而且有積極的適應，卽對於自然環境能用人力加以改造。又社會生活不只要適應自然環境，而且要適應社會環境。人類社會環境之複雜，爲普通生物所無，這是社會進化與生物進化的一個根本異點。每種社會所處的自然環境與社會環境不同，因此社會對環境的適應，便發生了變異。通常社會的變異，是由積漸的變化而成，卽所謂進化是也。如果停滯不前，便不免發生激遽的變化，以求適應，卽所謂革命是也。社會變異之後，卽有社會選擇存乎其間。凡適於社會生活的變異，便自然存留起來，否則便被淘汰，這叫作社會的自然淘汰，又叫作天擇。社會除受天擇的作用支配外，又受人擇 Artificial selection 作用的支配，人擇又叫人爲淘汰。人爲淘汰，便是用人力來淘汰。例如各校招生，和軍隊招兵，是用人定的標準，淘汰不合格的學生和兵士，便是一種人爲淘汰。人爲淘汰比自然淘汰有效率，有定向，有標準。在社會未大進化以前，自然淘汰勢力，比人爲淘汰勢力大。但既進化以後，人爲淘汰的勢力便漸次增加。凡與社會生活相關的自然環境，人口狀況，心理狀況，文化產物，社會組織，和社會標準等，固一面受自然淘汰的影響，又一面受人爲淘汰的影響。生物雖也受人爲淘汰的影響，但生物的人爲淘汰，只供人類的利用；而社會的人爲淘汰，乃是人類自行促進社會進化的一種法門。這又是社會進化與生物進化的一個根本異點。社會所選擇的文化乃由前代傳給後代，是謂社會遺傳，也可稱爲社會傳統。生物遺傳靠生殖細胞，社會遺傳靠文化產物。生殖細胞每代無大變化，所以近代人類，與太古人類相去不遠。文化產物每代有所增革，故近代的社會與太古的社會逈然不同。這也是社會進化與生物進化的一個根本異點。

社會進化的程序，不外社會適應，社會變異，社會選擇，和社會遺傳四種作用在那裏不斷的進行，而社會生活得以進化的原因則賴自然的，生物的，心理的，和文化的四種要素在那裏互相影響，以形成極複雜的社會生活，已詳述於前，茲不再論。

二、社會進化與革命

（一）革命的意義、種類與過程——進化與革命是社會變遷的兩種現象，積漸的變遷叫做進化，激遽的變遷叫做革命。社會進化的過程中間，有革命的現象發生。不過革命與進化並不衝突，因爲革命只是用人力去促進進化。在一個與時進化的社會不易發生革命，否則便不免要發生大革命。歷史上的一切革命，大概可以粗分爲兩類：第一類爲含有政治性的革命：如法國大革命，美國革命，中國辛亥革命，俄國革命以及土耳其革命等。此類革命必須以流血的激烈手段出之，也可以叫作流血的革命。第二類爲不含政治性的革命：如歐洲的文藝復興，產業革命，及中國的文學革命等。大概不必以流血的激烈手段出之，可以叫作不流血的革命。不流血的革命手段既比較和緩，所以只能算是一種進化現象，或者廣義的革命現象。至於流血的革命，才是狹義的眞革命。此種革命現象可以略加分析如下：大概在革命前必有一種普遍不安的現象。其所以普遍感着不安者，則由於舊勢力過度的壓迫，而又不能隨時改進，使一般人的感情和利害有相當的發洩與調節，竟煩悶得無路可走。由此可以說煩悶與不安是革命前的象徵。煩悶既久之後，革命的醞釀便一天激進一天，以至於革命爆發，而入了革命時期。在革命初爆發時，如果守舊派有能力鎭壓時，革命也可以陷於流產。不過舊勢力雖可藉鎭壓苟延一時，然舊勢力如果仍舊還是舊勢力，絲毫不能滿足新的要求時，那麼改良派也無可如何，反而傾向革命，或者作出許多於革命有益的事業，爲革命派開先道。結果改良派與革命派聯合，或分途打倒守舊派，守舊派就不得不倒了。守舊派既失勢已後，改良派可起而佔優勢。如果改良派在此時能一面鎭壓紛擾，一面適應要求，也可使革命改良化。但改良派不痛不癢的手段，每每不能滿足一般人的渴望，於是革命派又起而代之。由上說來，一種革命爆發後，至少可以發生三種結果：（一）革命流產，守舊派得勢。（二）革命軟化，改良派得勢。（三）革命激進，革命派得勢。在革命流產時，社會生活不生巨大的變化。革命派軟化時，社會生活可以發生漸微的變化。在革命激進時，社會生活常生急遽而且重大的變化。

（二）革命的劇變與難關——據俄國社會學家索羅金 Sorokin 的研究，一種劇烈的革命可以使社會生活發生以下的變化：（一）舊有社會生活習慣行爲多半被革命的行動所破壞，而產生形形色色的新行爲。（二）語言，文字，發生新的語句，如標語口號之類，而有支配羣衆行爲的力量。（三）所有權發生新變化，以革命上的各種理由，舊所有者，竟失去其所有，而轉入新所有者手中。（四）兩性的關係得到新的解放。一切關於性的舊道德一時失去拘束的力量。（五）舊有的權威一齊打倒，而新立的權威却大逞暴力。（六）勞動者抬頭，地位比從前加高，而勤勉不及從前。（七）人口因戰爭，屠殺，轉徙，離婚等，發生急遽的變化。（八）宗教，道德，法律，和藝術，發生許多新的形式，和新的解釋。（九）政治，軍事，外交，經濟，及一切關於公衆事務的情形，通同發生變化。社會生活既如此變化，所以不但一般人民不易適應，致心理陷於極端緊張的地步，即革命派也遇着極大的困難，疲於革命。革命派所遇着極大困難是什麼呢？第一是外患的交迫。當革命激進時，虎狼的外國想乘火打劫，同時守舊派避居外國也想利用外國的勢力打倒革命派，以便捲土重來。革命派應付此種困難的有效方法，不外鼓動人民的愛國心，一致對外，使守舊派失去民衆的援助。最近俄國革命，便是一個實例。第二是內亂的迭起。革命派既得政權之後，散在各地的守舊派，固要鬧起來，卽改良派也是蠢蠢欲動，於是革命的危機，便達到極點。革命派應付這個困難，每每用恐怖政策去鎮壓。如果革命派的實力充足而又應付得宜時，也可暫時穩定革命派的政權。否則便不免自速其亡了。第三是革命派本身的無能和腐化。革命派在未得政權以前，只有革命的經驗，沒有政治的經驗，尤其缺乏政治技術的經驗。忽然之間，得了政權，不得不盡量容納投機份子，以處理實際政治。同時投機份子又爭先恐後的來投機。如果革命派有法控制投機份子，他們素來抱定『有奶便是娘的主義』，也樂得效其愚忠，安分做事。萬一革命派有動搖的危險，他們便在所謂革命的營壘中造起反來，致革命派自行塌台。投機份子的不可靠固是革命派的困難，而革命派驟得大官大權，成了新貴，特別是少年新貴，最易腐化，旣恣意作威作福，又努力爭權奪利，以求快意。革命派腐化到了這步，便無法自救，遲早必被革命了。由上說來，革命派的眞正難關，不僅在外患，不僅在內亂，而特別在其本身的無能和腐化。中國辛亥革命時，有『革命軍起，革命黨亡』的傳說，卽由於革命派打不過這個難關。革命派的成功，是在渡過這個難關以後，纔是眞正成功。如其不能，則有新興的革命黨以代之。

（三）革命的需要與限度——從社會學的見地看來，一種革命成功與否，不但要看革命者能否勝過他所遇的幾個難關，而且要看革命的主張是否與實際需要相應，使難關不致過大過多。革命主張怎樣纔能和實際需要相應呢？第一革命主張要合特殊的歷史和時代。任何社會是由歷史漸次造成的。革命的主張固然要改造歷史，但無論如何不能將全部的歷史根本推翻。因此革命的主張不得不要個限度，卽須把握住歷史所進化到了的時代，而集中革命目標於此時代的主要問題，才易完成革命。守舊派和改良派，反對革命，固每每犯了時代錯誤。而某種革命派如共產黨，妄想推翻一切歷史，將所有問題作個最終的總解決，也是犯了時代的錯誤。明白點說，革命的主張要能解決當前的問題，以及最近之將來的問題，決不能解決無窮甚至最後之將來的問題。離開現在而談將來，不免時代錯誤，而使問題也錯誤了。第二革命的主張要合特殊的地點與環境，卽是要合於一個社會內部的情狀和外圍的形勢。例如：中國現在是需要革命的，但是究竟應該怎樣革命呢？那就要看淸中國的內部情狀和外圍形勢。就中國內部情狀說，政治尙未上軌道，產業尙未大發達，交通尙未大進步，科學尙未大普及，而爲數千年來的專制勢力所宰制，確有政治革命的需要，也只有政治革命的需要。超過政治革命的革命，便難有成功的可能，只足增加混亂而已。

就中國的外圍形勢說，白色帝國主義的列強既競爭侵略中國已有多年的歷史，赤色帝國主義的蘇俄，又用金錢（如用金錢組織共產黨『擁護蘇聯』）和武力（如用武力強佔中東路）來侵略中國，與白色帝國主義的列強爭霸。因此，中國的革命不但要抵制白色帝國主義，還要抵制赤色帝國主義。投在白色帝國主義的懷內，固不是革命，投在赤色帝國主義的懷內，也不是爲中國而革命。在中國這種特殊地點和環境之下，所需要的革命，只有爲中國而且由中國人自主的革命，決不是名爲世界，實爲蘇俄，而完全犧牲了中國的革命，更決不是完全聽命於外國而絕對不能獨立自主的革命。總之，革命主張必須切合實際需要。一個社會到了需要革命時，不免要產生許多革命主張，或革命理論。凡是傾向革命的人們，必須仔細加以選擇考量，看那種革命理論方合乎實際需要，——本國的特殊需要，而有成功的可能，否則便不免革命錯誤，而使社會受害了。

三、社會進化的階段和趨勢

從歷史上看來，社會是一步一步地進化而來。進化的速度，雖然有時快點，有時慢點，但是從來不能繼續的突進。革命的方法，雖然可使進化的速度加快，但也不能使他繼續突進。其所以不能繼續突進的原因，在進化的過程中有許多階段。不走上前一個階段，不能進到後一階段。有時社會中一部分人可以超越一兩個階段，多數人未必能同時超越。有時社會中一部分事項可以超越一兩個階段，其他事項又未必能同時超越。有時在思想上可以超越無數階段，而在實際上未必能超越兩階段。如果可以無限的超越，便看不出進化的痕跡來，也就無所謂階段了。

關於進化的階段 Stages of evolution，可以從社會生活各方面來說明。有人從知識方面來說明的：例如孔德分知識的發展爲神學，玄學，和科學三個時期。有人從政治方面來說明的：例如甄克斯分政治的發展爲圖騰社會，宗法社會，和國家社會三個階段。有人從經濟方面來說明的：例如米勒利爾分經濟的發展爲宗族組織，職業組織，和資本制度組織三個時代。有人從教育方面來說明的：例如杜威分教育的發展爲貴族教育和平民教育。無論從任何方面來說明，都可以找出進化的階段來。而且在各國家中關於進化的階段之時期，因歷史與環境的不同，也不一致。所以要解決一國家的問題，必須認淸這個國家進化的階段，否則不免玄談誤國。

社會是向前進的，不是向後退，也不是循環的。向前進的趨勢，大概由簡單至複雜，由粗樸到細巧，由固陋到靈通，由偏曲到普通。這種趨勢，在社會進化的歷史中，可以找出充分的證據來，不必多說。

第十二章　家庭的進化

一、家庭的社會意義

原人時代是否已有家庭的組織，現在還沒有歷史的記載，可資稽考。社會學者依據高等動物的兩性生活和野蠻社會的兩性生活，推斷最初的人類也有家庭的組織。有了歷史的記載以後，一直到現在，任何地方的人類，都有家庭的組織，所以有些社會學者認定家庭是社會的基本組織，而具有複雜的社會意義。那些複雜的社會意義是什麼呢？

第一是種族上的意義——男女兩性的結合，其直接的目的固在滿足性欲的衝動，而間接的目的，則在綿延種族的生命。兩性結合爲家庭以後，性欲既可得適當的滿足，而且可以減少性病如花柳病等的傳染，免致遺害種族。生長在家庭的子女，在未出生以前，孕婦可得丈夫的保衞，使其不致擔心受嚇，或操勞過度，影響胎兒的生活；既出生以後，又得父母長期的養護，使其不易中途夭折。由此可知家庭對於種族的健全與繁榮，實有極大的功勞。

第二是教育上的意義——子女出生以後，父母不但盡力養護，並且盡力教育。最初父母教育子女吃飲食，穿衣服，看物件，聽聲音，拿東西，說語言，講禮節，以及睡覺，走路，站立，坐下等。一切日常生活上的基本技能，幾無一不是由父母的教育得來。稍長以後，既實施職業教育，如教子女烹飪，紡織，種田，作工，經商，使其能够謀生；又實施文化教育，如教子女為人處世之道，以及修養娛樂之法，使其知道做人。更進一步，如果父母受過教育，又教子女讀書識字，使其能從文字上獲得知識，傳達意思。子女在家庭時代，正是幼稚期，最富於可教性 plasticity，所以家庭在教育上的意義，也非常重要。「家庭教育」聯合成為一個名詞，實由於此。

第三是宗教上的意義——在崇拜祖先的社會中，家庭具有充分的宗教意義。家宅兼為教堂，家長等於祭司。凡家中一切大事，事前祈神保佑，事後謝神保佑。家庭同出一血統者，更有共同的宗祠，以供祭祀，有系統的譜牒，以明淵源。子女生長在這種宗教的空氣之中，自然引起宗教的思想。卽非崇拜祖先的社會，如最初的家庭，或現代歐美家庭，也以父母有他種宗教上的信仰，大大足以影響子女的思想。因此，我們可以說，宗教之得以發展，家庭實給了他一個大助力。宗教在科學發達了的現代，還未完全衰落的原因，至少家庭也要算一個。同時，因為宗教思想在家庭中的綿延不絕，也給了家庭一個保障，使其不易崩潰。（佛教除外）

第四是政治上的意義——家庭在現代雖不是一個政治團體，然而在實際上也含有政治的意義。小而言之，家長是一家的嚴君，不僅有權管理家政，並且有權處分家人。在某種意義上，確含有政治的性質。大而言之，族長是一族的頭腦，對於族中老幼男女均有權管理，並處分之，且有家族會議以輔助之，更明顯含有政治的意義。現代所謂地方自治，以鄉自治爲基本，鄉自治又以村自治爲基本，而村自治在聚族而居的社會中又差不多等於族自治，一個家庭在族自治中只是一個單位組織而已。現代的家庭，固還存留有政治的性質。而古代的社會，更完全用了家庭的組織代替了一部分的政治組織，家長成了國君，生殺予奪可以任其自由，排難解紛必須由其裁斷，可見家庭的政治意味了。即在現代的中國，還多少有這種情形，可資佐證。

第五是經濟上的意義——家庭是一種經濟單位。在這個單位之內的人們共同生產，共同分配，共同經管，而且有男女分功的現象。上古漁獵游牧時代，男子出外漁獵游牧，女子在家看守烹飪，已形成一種經濟單位。進到農業時代，家庭的經濟意義更爲濃厚，家宅成了農場的中心，家人成了農業的生產者，更有手工業以供一家的需要。一家所需，可以自給，所以成功一種家庭經濟，使家庭的基礎益發鞏固。

家庭既有這樣複雜的社會意義——種族上，教育上，宗教上，政治上和經濟上的意義，所以家庭在社會上的地位，是很重要的，在宗法社會時代，尤其重要。不過自近代社會各方面發生變化以來，家庭的社會意義，又漸次降低其重要性。工商業發達，家庭的經濟意義，已減少一部分了。國家的法治發達，家庭的政治意義，又減少一部分了。教會得勢，或者宗教衰頹，家庭的宗教意義，也一大部分失去了。學校教育發達，家庭的教育意義，也一大部分失去了。個人主義發達，連家庭的種族意義，也一併減少。家庭的社會意義既多減少，那末家庭便不免成為一個社會問題了。

二、家庭的幾種形式

家庭成於兩性的結婚。結婚的關係不同，家庭的形式也就不同。從古到今的家庭形式，大概有四大種如下：

（一）多夫多妻制 Promiscuity——多夫多妻制就是一羣男子與一羣女子同時有夫婦關係，所以又叫羣婚制 group marriage。此制不見於現代文明社會，古代曾否實行此制，現在還是學者間爭論的一個問題。斯賓塞爾以為社會進化是由不明確的狀況進到明確的狀況，因此推斷最初的男女關係不免有些混亂。莫根 Morgan 於其所著古代社會 Ancient Society 上也說上古時代人民只知有母不知有父，即為雜婚之證。愛爾烏德不贊成此種說法，以爲（一）與人類相近的動物如類人猿沒有亂婚的情形；（二）現在和從前的野蠻民族絕不見有亂婚的情形；（三）上古的經濟狀況不能支持亂婚；（四）兩性的嫉妒心不許亂婚；（五）亂婚有礙種族的健全與繁榮。這雖是用現代的知識，解釋古代的情形，但多少有事實的根據。不過我們可以說古代的男女關係，決沒有近代所謂夫妻觀念那樣明確而永久。

（二）一妻多夫制 Polyandry——一妻多夫制，就是一個女子同時有幾個丈夫。此制在今日的愛斯基摩人 Eskimos，西藏人 Tibetans，南印度的突德人 Todas，馬拉巴 Malabar 的來夷人 Nayars 等人民中可以發見。大概有兩種形式：第一種形式爲一女子以衆兄弟爲丈夫，衆兄弟都可享有這一個女子，不過諸兄弟須得一種禮節的證許之後，才可在家庭中取得次等的地位。諸兄弟與一女子同居，也不見有嚴重的嫉妒心。照例第一個兒子歸屬於長哥。第二種形式爲一女子以非兄弟的數男子爲丈夫。各丈夫分居在各村莊，女子按月輪流去同居。或者，仍在母家留住，各個丈夫輪流來同居。第一個兒子則歸於年長的丈夫。此制產生的原因，不外兩個：第一個原因是女子的數目不及男子之多，各個男子都要滿足性欲，不得不以一個女子做公妻；第二個原因，是地方瘠苦，一個男子無力供養一個女子，不得不由數個男子共同供養。近代歐洲有所謂「租妻」，也類似一種一妻多夫制。

（三）一夫多妻制 Polygyny——鳥類與獸類有一雄多雌的現象，人類也有一夫多妻的現象。此種現象，在最初的人類或者已經有之。到經濟發達，多妻的現象也隨着發達，後來宗教或法律對於多妻的現象與以承認，便成了一種制度。此制發生的原因，據英人韋史特馬克 Westermarck 在其所著人類婚姻史上所說如下：

『1. 一地人口之女多男少；

2. 男子之性欲，往往因女子之生理關係，若經期及妊孕期前後不能隨時滿足；

3. 女子姿色易衰，且性生理之衰消亦較男子爲早；

4. 男子見異思遷之心理；

5. 求子息之衆多，且以子息之衆多爲榮；

6. 半開化之民族中，女子之勞力爲貨殖之要素，故妻妾愈多，則貨殖愈富；

7. 妻妾愈多，則一人之社會地位愈高，而權威與聲望愈隆。』（譯文依潘光旦之中國之家庭問題）

第5至第7三種原因，在現代已漸次夫去勢力。第2至第4三種原因，則恐不易補救。至第一種原因，不過一地的偶然現象，不見得全世界都是如此。其實多妻的原因，就目前中國情形說，還應加上三種如下：

①經濟上的原因——在經濟上比較充裕的男子，有供養多妻的能力。而女子以迫於經濟，或者求滿足較高的物質欲望，也不自由的或情願的替男子做小老婆。舊式女子固有如此的，新式女子也有如此的。

②政治上的原因——在舊日政治上有較高地位的男子，偶有多妻，固已得舊時法律的允許。而從事政治革命的人物，以與家庭長期隔離的原因，也有偶然發生多妻的現象。

③教育上的原因——自女子得與男子受同等教育以來，教育程度，便成了結婚的一個條件。在男子方面，對於已經結婚的舊式女子，以其毫無知識或他種原因，不免有些不滿意，而又以種種原因不能離婚。如果男子不甘於做過渡時代的犧牲者，每易於產生多妻的傾向。在女子方面，多求教育程度較高於自己的男子——因爲教育程度較高的男子，名譽、地位和經濟能力也容易較高起來，或者已經較高了。——而此種男子又多「使君有婦」，或者竟是不滿意的舊式婚姻，女子以愛慕的原因，也有意或無意之間容許男子多妻的。

第二和第三種原因是暫時的。政治上了軌道之後，第二種原因便不致如現在之甚。女子教育普及之後，第三種原因也要減少作用。惟第一種原因，恐一時尙不易完全剷除。

多妻制度在理論上是無人不反對的：因爲（一）多妻對於女子總是一種屈辱；（二）

多妻的家庭不易保持和平，不是夫妻不和，便是妻妾不和，而嫡庶不和更是常見的事；（三）男子有了多妻，對於子女的教養便不能十分週到，甚至完全忽略；（四）女多於男的社會是極少的，而一般社會則男女數目大概相差不遠。一個男子有了多妻，其他男子便不免向隅。

（四）一夫一妻制 Monogamy——一夫一妻制，只許一個男子同時與一個女子做配偶。自古及今，此制最爲流行，而得到一般人的擁護，尤其得到社會學者、倫理學者和優生學者的擁護。因爲此制比較以上三制有幾種優點。（一）男女的自然分配，男多於女，或女多於男，只是一個社會，或一個時代的特殊現象，而一般社會的男女數目，常有自然相近的傾向。一夫一妻制正合此種自然傾向，可使怨女曠夫減少。（二）無論男女都有性的妒嫉心，卽在同一時期內相互要求愛情的專一。一夫一妻制最能順應此種要求，使家庭比較和樂，而不易反目。（三）男女對於家務分工合作，對於子女共同敎養，不但使子女的生命不易夭折，而且使子女得到比較充分的教育，在一面固有利於子女，又一面也有利於社會。（四）一男子只配一個女子，比較合於男女平權的理想。

以上四種家庭形式，其發生不必有先後的分別，大概同時存在。惟一夫一妻制比較有利於社會的安全和進步，故漸次占了勢力，而得到普遍的承認。

三、家庭的變遷

自太古到現代，家庭起了三大變遷，現在分說如下：

（一）最初的家庭——最初的家庭，究竟是一種什麼樣的情形，以無歷史的記載，無從考證。社會學者大概根據兩種事實來推想：第一以現在存留的野蠻社會之家庭狀況，推斷最初的家庭也是一樣。現在存留的野蠻社會，關於男女生活有一定的秩序，家族觀念也相當的深厚。那末可以推知最初的家庭也是如此，決沒有雜交的事情。但是我們不要忘記現在存留的野蠻社會，已經過長期的演進，決不是人類的原始狀態。用現在最進步的社會與他比較，誠然是野蠻，但是用人類的原始狀態與他比較，所謂野蠻社會也有相當的文明。所以我們不可以野蠻社會比擬原始社會。第二以動物的兩性生活，推斷最初人類的兩性生活。動物的兩性生活，比較現在人類的兩性生活混亂。因此，推斷最初的人類，是一種雜交式的狀態。其實動物的兩性生活固有雜交的，也有一雄配一雌的，也有一雌配多雄的，也有一雄配多雌的，不能一概而論。

（二）家族主義時代的家庭——最初的男女關係，既比較不確定，親子的血統關係，由母系決定者也比較由父系決定者爲明瞭。因爲在初民心理中，父親與子女有無血統關係，實不甚明瞭。而子女由母親分娩而出，是人人知道的事實。子女在幼稚期中又常與母親同居，不能分離，又是明顯的事實。於是母系的家族制度Matrilineal System首先成立。在此制度之下，子女從母姓，不從父姓，由母系以追溯家族的血統關係。女子在家庭中的地位與權力比男子爲大，甚至在政治上也有很大的權力，所以有人又叫母權制度 Matriarchal System。此種制度在今日的野蠻社會中還有他的遺跡。多數社會學者考證古代社會，由最初的家庭到父系的家庭，其間經過母系家庭時代，爲家族主義或宗法社會的開端。到父系時代，家族主義乃大完成。此時代，起自有歷史的記載，直到近代。就最發達的父系制度 Patrilineal System 說，有幾個特點：（一）子女從父姓，不從母姓，由父系以追溯家族的血統關係。至於母系，不過「一代親，二代表，三代不見了。」（二）男子的權力比較女子特大，在社會上和政治上幾乎完全沒有女子的地位，即在家庭中也是女子的權力遜於男子，至有如中國舊日所謂「在家從父，出嫁從夫，夫死從子」之說。（三）男子最高的理想，不過是孝子慈孫，女子最高的理想，不過是賢妻良母，通同是以家族爲第一義。在古代母系制度何以衰落，父系制度何以代興，究其原因，約有數種：（一）經濟的原因，大概母系制度在畜牧時代以前。到了畜牧時代，人民逐水草而居，女子不得不離母族而與男子偕行，於是母權漸小。而男子擁有家畜，成了一家的主人翁。（二）宗教的原因，拜物的宗教進化爲拜祖先的宗教。祖先之最得人崇拜者必爲英雄。所謂英雄又必其有過人之處，而能爲家族抵禦外侮。做這種英雄，以女子的體力不及男子，女英雄也就不如男英雄之多，於是崇拜的祖先也就偏於男系了。（三）戰爭的原因，男子出外戰爭，女子留守家庭，失敗一方的女子成了勝利一方的俘虜，既可做奴僕，又可做妻妾，於是母系制度遂完全爲奴隸制度和戰爭所破壞。

（三）近代的家庭——家庭進化到父系的家族主義，可算是極盛了。但是到了近代，因社會各方面發生變化，家族主義開始崩潰起來。最使家族主義不能不崩潰的各種社會變化，扼要來說，約有以下幾大種：（一）個人主義的發達——在歐洲自文藝復興以來，個人主義大爲發達，以個人的愛情爲建立家庭的基礎。凡從前教會以及家長對於家庭的權威，都漸次衰退，不但大家庭不能維持，便是小家庭也離合不定。從前的子女，以家庭的發達爲依歸。現在的子女，以個人的幸福爲依歸，那願犧牲於家族主義之下？中國本爲家族主義最發達之國，然自新文化運動以來，家庭革命的呼聲不絕於耳。戀愛當做神聖的東西，個人有絕對的自由。這樣一來，父不能爲子綱，夫不能爲妻綱，那有家族主義存在的餘地？（二）國家思想的發達——近代以來，任何國的國家思想，都極發達。這種思想，要求全體國民以國家當做一個最高的理想，爲國家服務，爲國家犧牲，以求國家的獨立與自由。近代所謂國民教育，實爲這種思想所充滿。人民受了這種教育，自然而然的愛國起來。愛國與愛家有時不能兼顧，又自然而然的產生一批舍家爲國的志士出來。即不能完全舍家爲國的人們，也因要愛國，愛家心不免淡漠一點。家族主義本建立在一種深厚的愛家心上。愛國心既應在愛家心之上，那末家族主義，便不免於割愛了。（三）資本主義的發達——自工業革命以來，資本主義一天發達一天，致使社會的一切組織，根本發生變化。其最大的變化是鄉村的農業大衰落，而都市的工商業大發達。從前的人民散處鄉村，從事耕稼，死徙不出鄉井，不但祖孫父子可以同堂居住，即祖先的墳墓也近在山林，可以隨時祭掃。這種經濟狀況，最適於家族主義的發展。但工商業發達以後，許多人民背鄉離井跑到都市，連父母妻子也有時不能同行，其他親屬更不待說。在都市中住久了，自然對於家族觀念漸次淡漠起來。（四）宗教信仰的衰頹——凡是宗教都有一種不合理的迷信。自近代科學和理性主義 Rationalism 發達以來，給了宗教一個根本打擊。科學在事實上否認了宗教的奇蹟和傳說，理性主義在理論上追問宗教是什麼，爲甚麼要宗教等問題，使傳統的宗教發生動搖。宗教本有維護家族主義的力量。現在他的本身既已動搖，那末要用宗教控制家庭，便有些不可能了。從前家長是站在神意之下統治家庭，家中一切大事如婚喪之類，都要請命於神，沒有個人的自由。現在結婚成了個人的自由，離婚也成了個人的自由，不怕對不起神和上帝，也不怕對不起祖宗。這樣一來，家族主義便隨着倒台了。（五）民主思想的發達——自法國大革命到現在，自由和平等的民主思想由政治上瀰漫到家庭中。子女對於父母要求自由平等，促成了家庭革命運動。女子對於男子要求自由平等，促成了婦女解放運動。有了前種運動，於是父權減退，子女跑出家庭，過獨立的生活。有了後種運動，於是婦女不甘於只做一個賢妻良母，而跑到家庭外做各種事業，男權也減退了。家族主義本建立在父權和男權制度之下，父權和男權既都搖動了，家族主義也就無從維持。（六）革命思想和革命運動的湧現——近代種種革命思想和革命運動，無論爲宗教的，文化的，政治的，社會的，均對於家族主義的思想給了一個大打擊。根本與家庭一個大打擊的，是社會革命的思想，否認家庭的存在。這種思想雖不能完全實現，但是多少可以動搖家庭的維繫，也是一個事實。其他關於宗教、文化和政治的革命思想和運動，因爲在理論上要建設新的理想和權威，直接或間接影響到家庭的基礎；在行動上要集中革命者的力量，也不得不無意或有意放棄了家庭的責任，致所謂孝子慈孫和賢妻良母不再成爲一種最高的道德。

因爲以上種種變化，家族主義和宗法思想，便隨着崩潰，連家庭也成了問題。這是近代家庭與以前之家庭根本不同的所在。明白點說，近代家庭的根本精神是以男女平權爲原則，以自由戀愛爲手段，以個人幸福爲依歸。在這種根本精神之下的近代家庭，有以下幾種特殊現象：

第一是家庭範圍的縮小——近代家庭範圍的縮小，可從兩方面見之：一方面是以小家庭制代替了大家庭制，又一方面是以節育主義代替了多生主義。在歐美的近代家庭，都是小家庭制。一家之內只有夫妻和子女，父母也多不同居。子女一經成婚，便另立家庭。父母爲求減輕負擔的緣故，子女也不求其多，而實行生育節制。家庭的範圍可算極小了。在中國原爲大家庭制。一家之內，不但有夫妻和子女，並有父母，祖父母，伯叔，兄弟，姊妹以及妯娌，媳婦，甚至孫媳婦，要大家相安無事，極其困難。所以現在的思潮，多傾向小家庭制。而實際上小家庭的組織也漸漸多起來，卽生育節制也有人在那里提倡並且實行，不似從前以多子多孫爲有福氣了。

第二是婦女地位的抬高——從前的婦女只是家庭的婦女，而婦女在家庭之中，又立於男子專制之下，最大的責任不過服侍丈夫，養育子女，助理家政而已。近代的婦女，在家庭中幾可與男子立於平等地位，家庭的責任由男女共同負擔，男子對於婦女不能爲無理的壓迫，女子對於男子有相當的自由。近代婦女的地位，不但在家庭中抬高了許多，卽在社會各方面也抬高了許多。婦女可以入學校，與男子有同等的機會。婦女可以社交自由，與男子公開往來。婦女可以服務社會，與男子共同做事。婦女可以入工廠與商店，與男子共同從事工商業。婦女可以參政，與男子共議國事。婦女可以革命，與男子共同奮鬪。婦女由家庭跑到社會，雖不免拋棄了一部分家庭的責任，然爲社會盡了他種責任，也不能說毫無益處。婦女的能力雖不完全與男子相同，然婦女爲抬高自己的地位，也不得不要求有一個平等的機會與男子競爭。總之，男女平權的理想，雖在家庭和社會中尙未完全實現，而近代婦女的地位抬高了，却已是一個不可抹煞的事實。

第三是男女關係的自由——近代男女對於婚姻的關係比較自由，卽是比較不專一，也不永久，已成爲一個顯著的事實。舊日中國所謂「從一而終」的女子道德，固在歐美不易見，卽今日的中國也有動搖的趨勢。近代男女的婚姻，着重自由選擇。因爲種種條件，特別是經濟的條件，不易得着雙方的滿意，便不得已延遲了結婚的年齡。在未正式結婚以前，生理上既到了青春時代，社交上又有接近的機會，所以雖未結婚，也偶有浪漫行爲。這種未結婚前的浪漫生活，是男女關係比較自由的一個明證。既結婚以後，男女雙方愛情專一的固不少，然男子終日在外作工，女子也有終日在外作工的，未免妨害愛情的專一。所以也可說是近代男女關係比較自由的又一個明證。還有一個明證，便是離婚的增加。在從前離婚被認爲一種不道德的事體，但是在近代法律上承認可以離婚，事實上離婚幾乎成了男女雙方的自由，致離婚事件一天多一天。試看下表，可以知道離婚增加的趨勢。

各國離婚統計表

國別 ＼ 年別	1885年	1905年
美國	23,472	67,975
法國	6,245	10,860
德國	6,161	11,147
英國三島	508	821
羅馬尼亞	541	1,718
荷蘭	339	900
俄國	1,789	—
奧國	1,718	5,785（匈牙利在內）
瑞士	920	1,206
丹麥	635	549
意國	556	895
比國	290	901
瑞典	229	448
澳洲	100	339
挪威	68	408
加拿大	12	33

觀上表，除丹麥外，無論那一國的離婚，都在增加，二十年間有增加到六倍的，如挪威。有增加到三倍的，如美國，羅馬尼亞，比國，澳洲，加拿大，荷蘭。有增加到兩倍不足的，如法國，德國等。再就一九二一年各國每十萬人口中之離婚數列表如下：

各國離婚比例表

國別	比例
美	136
日	91
奧	87
法	82
德	63
比	46
丹	40
英	8

觀上表，可知以美國離婚數爲最多。更詳細點說，則美國在一八七〇年每三四組結婚有一組離婚，一八八〇年每二四組結婚有一組離婚，一八九〇年每一六·二組有一組，一九〇〇年每一二·三組有一組，一九〇五年每一一·九組有一組，一九一六年每九·三組有一組，一九二二年每七·六組有一組，一九二六年每六·七組有一組，到了現在，每四組有一組，離婚率加增的速度實可驚異了。由此可知男女偕老的婚姻在美國有漸次減少的趨向。在他國離婚率的速度雖不及美國之快，然也是逐年增加。近代家庭問題的焦點，就是離婚問題。有許多社會學者設法補救，目前尚未能挽回頹勢。

第四是子女教養的社會化——教養子女原來是家庭的一種重要任務。但是近代以來，公共教育機關漸次完備，自幼稚園以至大學，都已設立。子女自三四歲卽入幼稚園受社會化的教育，遂奪取了家庭教育的重要地位。家庭教育對於子女未嘗無相當的功勞，然以父母忙於職業，沒有時間教育子女，或者短於才學，不適於教育子女，不得不將教育子女的責任委託學校。於是家庭教育遂降爲輔助的地位，其於子女的影響，尙不及學校教育之大。久而久之，子女就有脫離家庭而獨立生活的趨勢，父母也無全權管理。至於養護，在歐美因爲婦女加入工商業，也漸次社會化起來。日育所 day nursery，巡行保姆 visiting nurse，保姆學校 nursery school，兒童游戲場，兒童衞生運動等，都是已有的兒童公育機關。更有人主張澈底社會化的兒童公育機關，使父母完全不負養護子女的責任。子女教養的社會化是否有利無弊，雖是一個尙在爭論的問題，但在事實上社會化的趨勢，已是一天擴大一天。從前子女對於父母不能斷絕的恩情，多由於父母長期的週到的教養。近代子女既不完全由父母教，又不完全由父母養，那末子女對於父母的關係就比較疏淡了。子女對於父母疏淡起來，便足使家庭的基礎越發動搖，還講什麼家族主義呢？

（四）總結——從社會學上說來，家庭在歷史上做了社會的基本組織，一面安定了社會，一面促進了社會，實有極大的功勞。但是近代社會各方面通同起了大變化，家庭不能獨立不變。因此家族主義再不能存在了，宗法思想再不能維繫了。家庭在將來雖仍存在，然今後家庭的組織及其在全社會中的地位，男女的關係，和親子的關係，都要變化到與宗法社會完全不同，在歐美已經大部分成爲事實，仍在繼續變化，在中國也成爲一種不可避免的趨勢，恐不易完全補救了。

第十三章　國家的進化

一、什麼是國家？

國家不是一種神秘的迷信，也不是一種玄想的觀念，而是一種具有政治性質的社會組織。這種社會組織與別種社會組織最大的異點：第一國家是一種政治色彩極其濃厚的組織，純粹關於政治的事項，固為國家所獨有的職權，即非政治事項到了國家手中也染上政治色彩，成了政治事項。第二國家對於各種社會組織，有最高的權力，即一切社會組織受支配於國家，而國家成了社會的中心組織，能够調節社會的衝突，安定社會的秩序，發展社會的事業，促進社會的進化。假使最初人類社會沒有萌芽國家的組織以漸形成近代的國家，人類不易有現代的文明。所以有人說：「一切歷史都是國家史」，可見國家在歷史上已佔有一個中心地位了。以上兩點，是歷史上一切國家共有的特性。如果一種社會組織，不具備以上兩點，便不能算做國家；或者曾經具備了，而漸次喪失，也不能再叫做國家。

近代政治學者分析發達的國家之構成要素，有以下四種：

（一）多數的人民——一個國家必須有多少人民，原無一定的標準。在古代，大都是小國，自然不必要很多的人民。但在近代，國際的競爭非常激烈，人民如果太少便不易站得住，所以多數的人民成了國家構成的一個要素。不過所謂多數的人民，在近代國家中，不一定全屬於一個種族或民族。因爲同一個民族有分爲幾個國家的，例如英美，和德奧；也有一個國家由幾個民族組織的，例如瑞士。民族對於一個國家國民性之構成，固有幾分關係，然而民族不與國家同義，也不與人民同義，這是我們要分別清楚的。

(二) 確定的土地——有了土地，不一定便是國家。但是近代的國家，必得有確定的土地。土地是人民居住的處所，是經濟生活的來源，是政權行使的區域，無論大小，必得要確定才成功。這種確定的土地，又叫做領土，行使於領土上的一切權力，叫做領土權。領土權包括領空權在內，不只行使於陸地，連沿着陸地十二海浬以內的海面，也包含在內。這種行使於海上的權力，國際公法上特別叫做領海權。領土成爲一種主權，構成國家的一個要素，發端於封建時代以前，確定於封建時代，而完成於近代。在原始的國家中，領土觀念，尚不佔十分重要的地位，例如上古游牧民族的行國，逐水草而居，領土觀念便非常不發達。因此，我們便不宜以近代的觀念，完全適用於古代的國家。

(三) 政治的權力——政治權力是對於一般人民和公共事項的一種強制力。這種權力，只有國家才具有，對內含有最高性，對外含有獨立性，兩種性質聯合起來而成一種主權，卽英文的音譯，薩威陵帖Sovereignty。主權的最高性表現於國內，有人叫他做對內主權 internal sovereignty，可以控制一切人民，可以支配一切組織，可以管理一切事項，而具有最高的取決權，再沒有一種權力比國家的主權還要高的。如其有之，便不能算做一個統一的國家。因此主權必定是一元的 monistic，不是多元的 pluralistic。多元的主權說，只看見國內的各種組織可以自行處理相當範圍以內的事項，而沒注意到國家是站在各種組織之上，可以與以強制的干涉。主權的獨立性表現於國際，卽是與他國處於平等的地位，不受他國的控制和支配，有人叫他做對外主權 external sovereignty。如果一個國家在他國支配之下，只能算做殖民地，或保護國，或主權殘缺了的國家，不能算做完全的國家。

（四）政府的組織——國家既有政治的權力，便不能不有一個機關來行使。政府的組織，就是適應這種需要而設立的。不過政府只是國家的機關，不就是國家；政府的好壞，不就是國家的好壞；推翻了政府，也不就是推翻了國家。一個國家的政府儘管可以改組，但國家却不因之而滅亡，有時反因之而發達。所以我們應該將國家與政府分別清楚，不能誤認爲同一的東西。「朕卽國家」，固然是專制魔王——路易十四世的狂囈；政府卽國家，也是一般人常有的錯誤。近代許多社會思想家將政府的罪惡，完全推到國家身上，也不免這種錯誤。

國家是什麼？總說起來，國家是多數人民，佔有一定土地，設立政府組織，行使政治主權的一種中心社會組織。這是近代的國家意義。原始的國家，尚在開始演進，自不能完全以這種意義來衡論。

二、爲甚麼要國家？

爲甚麼要國家？這個問題因各人對於國家的認識不同，而生出相異的答案。（一）無政府主義者以爲國家是個人自由的仇敵，要恢復自由，必得毀滅國家，所以不承認國家有存在的理由。這種說法過於重視自由，致認一切自由都是善的，一切不自由都是不善的。其實自由不一定都是善的，不自由不一定都是不善的。人性不是至善，那能處處表現善性？人類不能離羣索居，那能事事完全自由？國家對於人類的自由雖有相當的限制，同時對於人類的自由也有相當的保障。歷史告訴我們，只有國家的人類，才能大家都得到幾分自由；無國家的人類，便大家都要失掉自由。人類要求得較大的自由，不是要毀滅國家，而是要改造國家。因此，無國家便自由，只是無政府主義者的空想，既不合於過去的事實，又未必能見於將來的世界。（二）共產主義者以爲國家是階級的壓迫工具，在以前是資產階級利用國家壓迫農工，以後要以農工階級利用國家來消滅資產階級，等到資產階級完全消滅了，國家也隨着消滅，再無存在的必要。然而國家是超階級的，是由全國人民組織的，也是爲全國人民組織的，固不可爲資產階級所專有，也不宜爲無產階級所獨占。國家的一個最重要的任務，是調和衝突，實現公道，決不是專門保護那一個階級的，更不是那一個階級的所有物。社會永遠不能無衝突，便永遠需要國家來主張公道。近代社會最大的衝突，是工商業國的勞資對峙，需要國家來一面取締資本家，一面保護勞動者。將來的社會衝突，如果不同了，也需要國家來調節那種衝突。因此國家有永遠存在的必要。（三）個人主義者以爲國家雖不得不要，但其存在的理由，只宜限於消極的功用，對於個人自由的干涉越少越好，對於積極的活動應完全放任個人自由。我們可以叫這種主張做「消極功用的國家論」，也可以叫做放任主義。國家存在的理由，原來偏重消極的功用。但是國家發展到近代，消極的功用反不甚重要，而最重要的却是積極的功用。國家盡了消極的功用，不過維持公共的秩序，還要能盡積極的功用，以增進公共的幸福。爲增進公共幸福起見，酌量限制個人自由，也是不能免的。近代社會上的種種不平，只有用國家的力量，才易使他們減少。近代社會的種種大事，只有用國家的力量才能舉辦，而且比較有利於公衆。因此國家的積極的功用比消極的功用，還要重要，那能爲個人自由而忽視公共幸福呢？個人主義的國家觀之無當於事理，便不待多說了。

總之，以上三說，第一說根本否認國家，自然不知道要國家存在的正當理由；第二說雖然暫時承認國家的存在，但誤以國家建立在階級爭鬪之上，而武斷國家終要隨階級以消滅；第三說只承認國家的消極功用，而忽略了國家的積極功用，也不適當。近代政治學者和社會學者從國家的歷史上發現人類必要國家的理由如下：

（一）生存上的理由——人類有一個基本的要求，便是生存。要求生存，便不得不團結，以求對外能够競爭，對內便於互助。國家基於對外競爭和對內互助的理由，在上古時代即於無意和有意之中萌芽起來，漸次發展成功近代的形式。要競爭，自然有時不得不出於戰爭。戰爭前的預備，可以加強國家的團結；戰爭後的結果，可以影響國家的前程——強大，或削弱甚至滅亡。如果人類用不着競爭求生存，便不會產生國家，更不會傾國力來戰爭。同屬一羣的人民，要能共同生存，便須互助。要能互助，便須先去互助的障礙，而確立一個秩序出來。要確立一個秩序，便須事前的防止——警察，和事後的強制——刑罰。國家又基於這個理由，而產生專掌警察和刑罰的權力。人類爲求生存的原因，在最初已形成無數的國家。到近代國家的數目雖然少了，然對外需要競爭，對內需要互助的程度，實比從前還要高，所以需要國家也比從前還要迫切。現在世界各大國都是長期歷史造成功的，差不多都有特殊的環境，宗教，文化，經濟，利害，和國民性，決不是短時期所能同化的。因此，在最近的將來，決沒有合全世界各國構成一個大國的可能。縱令不可知的將來，容或進化到那個地步，然而國家爲便於共同生活起見，也有存在的必要。在現在以及最近的將來倡言不要國家的，只有三種人：一種是不顧事實的夢想家，又一種是甘願爲奴隸的賣國賊，再又一種是假託世界主義，侵略他人國家的野心家。除此以外，任何人都要承認國家是我們爭生存的必要工具了。

（二）經濟上的理由——經濟與人民的生存，雖不是惟一的重要條件，也是重要條件之一。從這個重要條件說，必要國家的理由，至少有三種：第一經濟生活的安全要賴國家來保障。經濟生活首須求其安全。然自上古到現代破壞經濟生活安全的，既有國內的紛擾，又有國外的侵略。國內的紛擾如欺凌，失信，盜賊，饑荒，恐慌，以及內亂，都要賴國家的力量來解決。國外的侵略如掠奪貨財，侵占利權，也都要賴國家的力量去反抗。不然，不是不能安居樂業，便要變爲他國的奴隸了。第二經濟事業的發展要賴國家來促進。經濟事業的發展與人民生活程度有密切關係。國家要提高人民生活程度，必須先發展經濟事業。發展經濟事業，在一方面固有賴於個人的努力，又一方面還要賴國家的促進。個人不能舉辦的經濟事業，要國家來補助。個人不可舉辦的經濟事業，要國家來擔任。個人不知舉辦的經濟事業，要國家來提倡。個人任意舉辦的經濟事業，要國家來取締。在從前國家對於這幾種任務，尚不甚重要。然在近代產業落後的國家，例如中國，便十分重要了。第三經濟生活的懸殊要賴國家來調劑。人類因智能或機會的不同，往往發生經濟生活的懸殊，少數人養尊處優，多數人叫苦連天，不但不合平等的理想，而且有礙國家的治安。我們要補救這種流弊，必賴國家來調劑。在從前，國家設法抑制豪強，拯濟貧窮。在近代國家注意節制資本，保護農工，都可以看出國家在經濟上的調節功用來。

（三）教育上的理由——教育需要國家，可從兩方面說明：第一方面是政治對於教育的廣大影響，第二方面是國家對於教育所負的重要任務。何以說政治對於教育有廣大影響呢？在某種意義上政治也是一種教育，而且具有極大的功用。政治的一切設施，無不需要人民學習和實行。在學習和實行之中，便獲得教育的影響，以漸養成共同的意識。如果人類從來沒有這種政治的教育，則社會的團結必無由大進步。又何以說國家對於教育負有重要的任務呢？教育貴有共同的宗旨，而國家可以應時代的需要，將他明定出來。教育貴有適當的政策，而國家可以斟酌社會的情況，將他計劃出來。教育貴有實施的規程，而國家可以將他規定出來。教育貴有確實的效率，而國家可以實行監督，使他實現。教育貴有充足的經費，而國家可以提供巨大的歲出，使他繼續進行。教育貴能普及，又貴能提高，而國家實施國民教育以求普及，實施專門教育以求提高。由此可見國家的教育任務非常重要了。如果沒有國家，教育決不易發達。近代教育之所以特別發達者，卽由國家將教育的任務特別認得重要，而盡量去促進。

（四）文化上的理由——任何國家都有一種特殊文化，此種特殊文化造成的根本原因，固由各有特殊的歷史和環境，而文化之所以得大發展，又大賴國家的力量。在一方面國家保存已有的文化，使其不易散失，以增加文化進步的資藉；又一方面國家設立文化機關，促進文化事業，使新文化繼續不斷的產生。如果文化事業完全委之個人或社會團體，則以其力量之小和生命之短，不但新文化不易產生，卽舊文化也不易積累。從來國家幾乎都有專官管理文化事業，以繼往開來，可見國家對於文化發展的重要。如果一個國家滅亡，則其所有的特殊文化，必全部或一部喪失，至少也要中斷，自然更談不到進步了。無論何人不能否認文化的必要，國家尤其是近代以來的國家，對於促進文化的力量很大，那末也就不能否認國家存在的必要了。

以上僅就人類的生存以及與生存有密切關係的經濟，教育和文化上說明國家存在的必要。其實一切社會生活，多有需要國家之處，此地不能詳說。

三、國家的發展

國家不是神造的，也不是民約的，而是根據社會生活的實際需要，經過長期歷史的演進，漸次發展成功的。人類有記載以來的歷史，差不多都是國家發展的歷史。國家發展的歷史，可以分爲兩個大階段：第一階段爲原始的國家 Primary state，在這個階段中，最初發現的爲圖騰國家 totem state，或者叫做圖騰社會 totem society，進一步爲宗法國家 kinship state，或者叫做宗法社會 kinship or tribal society。第二個階段爲發達的國家 developed state，在這個階段中，繼宗法國家而起的爲封建的國家 feudal state，再進一步爲君權的國家 monarchal state，更進一步到近代民權的國家 democratic state。總說起來，近代的國家是經過兩個大階段，五個小階段發展而成的。每個小階段中的國家，都有他的特點。但是國家是繼續發展的，不是前後截然的。不經過前一個階段，便不能產生後一階段。後一階段甚至後二階段中往往留有前一階段的殘餘勢力，而呈現一種混合的狀態，我們只可說他一個大概罷了。

（一）圖騰國家——圖騰社會是最初的雛形的國家。在此種社會中的一羣人民相信同出於一個祖先，而以鳥獸草木的形象，做各人羣祖先的標記。此種社會的組織極小，政治宗教家族和經濟混爲一體。經濟生活大概在漁獵時代。家族以母系爲中心，而不知其父爲誰。宗教的禁例或答布 taboo 極嚴，功用等於法律，而效力反勝於法律。政治的權威由祭司和長老掌握，而假神意以生殺予奪。圖騰的相互關係爲婚姻與戰爭。一圖騰的男子配另一圖騰的女子，另一圖騰的男子又配第三圖騰的女子，久而久之，各圖騰的血統便歸於混合。因人口繁殖和食物不給，各圖騰間不免發生戰爭。戰爭的結果，至於人吃人而不以爲怪，可見太古的野蠻，決不是後人所想像的黃金時代。

（二）宗法國家——在圖騰時代，一種人羣的祖先，只基於一種迷信。進到宗法時代，則血統的淵源比較分明，父系制度也代母系制度而確立了。在此時代的國家之一般特點爲：第一以家族爲本位，而國家的基礎即建立於家族之上；第二以家族爲界限，「非我族類，其心必異」的種族意識非常濃厚；第三國家的君長就是一家族的家長，同時全國的各家族也以家長視君長，故政治組織與社會組織不能十分劃分。圖騰國家之所以能進爲宗法國家者，一由父系的血統觀念比較明確，可以演爲一種宗法系統，二由經濟生活由漁獵經過畜牧入了耕稼，土著既定，家族亦固。但宗法國家雖最適於農村，而城市和游牧人羣也能建立。純粹的宗法國家散在鄉村和城市，爲數甚多，以近代的國家觀念看來，也可說是一種部落。各部落間的戰爭比前一時代加多而且比較劇烈，不過戰勝者不重在殺戮，而以俘虜爲從事生業的奴隸，於是奴隸制度發生，到民權的國家確立以後才完全消滅。宗法國家的統治者爲國王、將帥和長老，而其統治的工具則以宗法、宗教與武力爲最要。

（三）封建國家——封建國家乃建立在宗法國家之上，用政治的權力將宗法制度化，並非推翻了宗法而新建國家。其與宗法國家的根本不同，不在有無宗法，而在一家族取得了政治上的權力，令其親勳，分民世守，而領有其地，領地以內的人民，變成了領主的奴隸，對於土地只有耕作的義務，並無所有的權利，甚至連人身的自由也沒有。此種制度起於宗法國家的兼併。戰勝的國家要「普天之下，莫非王土，率土之濱，莫非王臣」，只有封建諸侯，以實行控制的一法。封建諸侯一面享有土地所有權，致「無無領主的土地」，又一面可以役使一般人民耕種領地。因此封建國家的社會組織，成為一種階級制度。在最上一階級的為貴族，既有政治權，又有經濟權——領地。其次為僧侶，幫助貴族馴化平民。最下為平民，既無政治權，又無經濟權——土地所有權。至封建國家的政治制度，則全為一種貴族政治。其最高的主權者為君王，其次為輔助君王的羣臣，再其次為代君王徵收賦稅和徭役，而在名義上受君王統馭的諸侯。一般平民則不能過問政治。

（四）君權國家——封建時代雖有君王，然君王對於諸侯所要求者不過受封納貢，對於諸侯領地以內的政治，並無權過問，還未進到君權國家。君權國家起於封建制度崩潰以後。封建制度本為發達的國家立了一個初基，何以又要崩潰呢？第一由於封建諸侯的紛爭。封建初立時，王朝尚能統馭諸侯，但久而久之，強大的諸侯一面與王朝爭主權，王朝不免失勢，又一面兼併弱小的諸侯，以擴大自己的疆土。在這種長期的紛爭中，強大的諸侯爲求爭勝起見，不得不起用非貴族出身的賢才，致於無意間破壞了貴族政治。滅亡的諸侯雖身爲貴族，也不得不墮入平民隊伍。平民上升，貴族下落，不但使「布衣卿相」代替了世襲貴族，而且貴族與平民爲伍，互相通婚，種族漸次混合，至於產生民族的意識，代替了階級的意識。於是封建制度遂不得不崩潰了。第二由於土地的解放和工商業的發達。在封建時代，土地是貴族的獨占品，現在貴族既已沒落，土地遂散歸平民手中，可以自由買賣，而非諸侯予取予奪的領地了。加之工商業也繼農業之後發達起來，人民不必以耕種貴族的領地爲生，有時反可以工商的勢力與貴族分庭抗禮，世襲貴族也便不能獨保尊嚴，封建制度更不得不崩潰了。在封建崩潰途中，舊有王朝或強大諸侯，或外來民族，以其武力收集主權於君主一人之身，而成爲君權國家。君權國家的政治，一面是專制制度，一面是官僚制度。君主實行一人專制，而以君權神授爲辯護，即中國通俗所謂「眞命天子」是也。眞命天子，可以爲所欲爲，不但中央政治任其專斷，即地方官吏亦可自由任免，有時成了絕對主義 absolutism 或專制主義 despotism。不過君主縱令神聖文武，也不能兼理一切政務，於是不得不任用人才分理中央以及地方的政務，官僚政治 bureaucracy or officialdom 遂代替了貴族政治。官僚政治是一種專門做官者的政治。官僚們以做官爲事，不必爲貴族，更不必是世襲。他們統馭人民的重要工具，自然是所謂王法。至於貴族和僧侶雖仍有，不過在政治上的權力遠不及從前的廣大了。

（五）民權國家——提高君權，統一全國，消滅了紛爭的封建諸侯，是君權國家最大的貢獻。但是君權提高到極點，便不免蹂躪民權，依附君主的殘餘貴族和僧侶又助桀爲虐，使人民不得抬頭，於是民權運動遂興起。民權運動導源於英國，爆發於法國，瀰漫於全世界，而成功近代的民權國家。民權國家所以代替君權國家的重要原因，在一方面由於君權的濫用，殘餘貴族和僧侶的腐敗，引起人民反抗的思想，在又一方面由於新式工商業發達，新構成一種中產階級 bourgeoisie，可以與君主和貴族僧侶對抗，且取而代之。於是民權國家乃漸次成立。民權國家的根本原則是全民政治，或民主政治。何謂全民政治？第一確認政治的主權應屬於人民全體，既不屬於貴族，也不屬於君主，更不屬於那一特殊階級；第二爲實現主權在民起見，應確認人民的參政權，可以選出議員，代表人民制定法律，監督政府，甚至可以實行創制權、複決權和罷免權，使政府完全成爲民治的政府；第三確認政府的一切設施應以全體人民的福利爲前提，不可單爲那一個人，也不可單爲那一階級。用林肯的話總說起來，全民政治是要建立一個「民有、民治、民享的政府」government of the people, by the people, for the people。

民權國家的保障方法是立憲政治。何謂立憲政治？就是一個國家有一個憲法做根本大法，凡政治上的一切設施，都要以憲法上的規定做準則。人民的一切權利——無論政治的，經濟的，教育的，思想的，宗教的都用憲法的明文規定做保障，政府不得剝奪。政府的一切職權也在憲法上明文規定，採用分權原則，立法機關——國會行使立法權，行政機關狹義的政府行使行政權，司法機關——法院行使司法權，各不相犯。有的國家如聯邦國還將中央和地方的職權在憲法上明文規定，使其均不能以意爲之。憲法的改訂，須由法定機關用合法手續行之，不得由政府任意更改。我們可以說，立憲政治就是用憲法保障人民的權利與自由，防止政府專制的一種政治制度。如果一個國家沒有憲法足以保障人民權利與自由，防止政府專制，必然引起人民的革命，到立憲政治確立時才能休止。

民權國家的運用方法是政黨政治。全民政治除寡民小國如瑞士可以充分實際運用外，其餘大國不得不假手於政黨以活用全民政治，這便是所謂政黨政治。全國人民的意見、感情和利害不必全同，於是分別集合於政綱相近的政黨，以求經過選舉，取得政權，實行自己的主張。取得政權的政黨，叫做政府黨，否則叫做在野黨。政府黨當權，在野黨從而監督之。如政府黨失去多數選民或多數議員的信任，則退而在野，讓多數選民或議員所擁護的政黨起而執政。兩黨以上輪流執政，互相監督，使其不至濫用職權，忘却全民的福利。

此種政治，以實行內閣制的國家，最能圓活運用。我們還要十分認清民權國家的政黨政治，決不是一黨專政。政黨政治必須有兩黨以上才能實現，一黨專政只許一黨存在，否認他黨的存在，只能算做黨權國家，不能名爲民權國家。黨權國家是由君權國家進到民權國家的一種偶然現象，足以激起革命，決不能長期存在。

民權國家是近代最進步的國家。現代任何國家無論有無君主都向這方面發展，也非向這方面發展不可。因爲人民原是國家的主人翁，必須將政治的權力拿到人民自己手中。人民既將政治的權力拿到自己手中，國家的地位也可提高，政府的職權也可擴大，以增進全體人民的福利。

（六）今後的國家——以上將國家發展的歷史說個大概了。由此我們可以知道國家不是短時間所能造成的，也不是短時間所能消滅的。人類一經有了政治，便產生了國家。人類永遠缺不了政治，便永遠需要國家。在較遠的將來，國家的名稱儘管改變，國家的範圍儘管擴大，政府的組織儘管改造，人民的權力儘管加增，但無論如何必須還有國家一類的組織。在最近的將來，各個國家的歷史，種族，文化以及經濟利害均有不同，決不是短時期內所能融合的，更有獨立存在的必要。現有的一切國家，對外必須要求國際平等，對內必須要求充實民權，以求實現眞正的全民政治，而造成一個澈底的民權國家。總說一句，今後的國家，還是繼續發展民權的國家而已。

下編　社會學與教育

第十四章　社會學與教育

一、一般談社會學者的兩大錯誤

中國一般談社會學的人，一天多一天，這固然是一種可喜的現象；但眞正了解社會學是什麼的人，還是極少數，這又是一種可慮的現象。談社會學的人既多起來，何以懂社會學的人，並不隨着加多呢？這大概有幾種原因：第一由於對象的錯誤。社會學的對象，不是一種理想，而是一種事實；社會學的理論須建立在客觀的事實上，決不可建立在主觀的理想上。而一般談社會學的人，多不在事實上探討社會學的理論，只將社會學當做一種理想的護身符。因此，他們所謂社會學便不免離開了科學的立場，而成爲宣傳某種主義的工具。我們要知道社會學是科學，不是主義，更不是反科學的馬克斯主義。以主義當做科學，以反科學的馬克斯主義當做社會學，縱能一時蒙蔽一般無知的人們，然而這個把戲早經被人拆穿了，不見得再有多大的效力。第二由於方法的錯誤。近代一切科學——自然科學和社會科學之得以成爲科學的最大原因，在不用哲學的方法，而用科學的方法；拋棄主觀的方法，依據客觀的方法。法人孔德(Comte)之所以被推爲社會學開山祖師的最大理由，也不過由於他首先主張用實證的方法(Positive method)研究社會學，使社會學漸次脫去哲學的範圍，走到科學的領域。所謂客觀的方法，便是依據客觀的事實求眞理，不是依據主觀的意見定是非。然而有一部分談社會學的人，幾乎完全不知客觀的方法，而以經濟史觀冒充唯物史觀，以唯物史觀冒充唯物論，更以唯物論冒充物觀法。其實物觀法(Objective method)乃對主觀法(Subjective method)或內省法(introspective method)而言，卽是不要我們純用主觀的意見，擾亂客觀的事實，並非專從物質着眼，更非專從經濟着眼。唯物論專從物質着眼，抹煞物質以外的事實，與唯心論陷於相反的錯誤。唯物論比唯物史觀的含義要大些，比唯經濟史觀的含義更要大些。承認了唯物論，不一定承認唯物史觀。承認了唯物史觀，也不一定承認唯經濟史觀。馬克斯主義的宣傳者混用這幾種名辭，以淆亂視聽，可見其不學無術了。馬克斯所謂唯物史觀，乃由辯證法產生。辯證法並不是科學方法，至多只能承認爲一種哲學方法。用哲學方法來談社會，至多只能成功一種社會哲學，那能算做社會學呢？社會學必須用科學方法，而馬克斯主義的宣傳者及其祖先馬克斯，方法旣經錯誤，那末結論自然也不免於錯誤了。

二、社會學的主要問題

我們明瞭一般談社會學者的兩大錯誤，便可對於社會學的眞實意義，得到一個簡單的概念：社會學是用科學方法研究社會事實的科學。如要知道更詳細的意義，那就要看社會學專書。現在引說美國社會學家吉丁斯（Giddings）所下社會學定義如下，使我們比較明瞭社會學究是什麼。

「社會學乃用在進化過程中共同起作用的各種物質的、生物的和心理的原因，以說明社會的起源、發展、組織和活動。」

就著者所知，這個定義所表示出的社會學意義，既極明白，又極概括，可爲初學一個南針。試分析加以解釋。

第一、社會學的主要問題，是社會的起源、發展、組織和活動。這些問題，又可分爲兩大類：在橫的或靜的方面，是社會組織問題，即將社會當做一種靜的東西，研究他的構造和形態是怎樣，而成功一種社會靜力學（Social Statics）或社會形態學（Social morphology）。社會組織有整個的，有分部的。全社會是一個整個的組織，整個的組織中有特別功用的分部組織，而彼此互相關聯。各別的分部組織中又有小組織。故有人說社會好比就是一個有機體，雖非眞實，也可幫助我們了解社會是什麼。全社會中主要的各別組織：在政治上有國家，在經濟上有農工商組織，在宗教上有教會或寺觀，在教育上有學校，在血統上有家庭，這些都是社會學上應該研究的問題。

又在直的或動的方面，是社會進化的問題。社會怎樣起源？怎樣發展？又怎樣活動？這些問題都可歸在社會進化一個大問題中，而成爲社會學的一個主要部分，有人叫他做社會進化論（evolution of Society），或者叫做社會動力學（Social dynamics）。

第二、社會學的又一主要問題，是社會的動力或社會的原因（Social forces or causes）。社會何以起源？何以發展？何以組織？何以活動？這些問題是要研究推動或構成社會的原因。關於推動或構成社會的原因，極其複雜，決非由於任何一個單一的原因。宗教家以社會爲神所造，固爲不稽之談，哲學家只以社會爲心所造，或只爲物所造，也是一偏之見，不合於歷史的事實。從社會學的見地看來，我們至少須承認三大類原因，才能共同造成社會，推動社會：（一）物質的原因，自天時、地理以至經濟狀況都包括在內；（二）生物的原因，自血緣、遺傳以至生理狀況都包括在內；（三）心理的原因，自本能、習慣以至一切心理狀況都包括在內。此三大類原因，在進化過程中共同發生作用，以造成社會，推動社會。如果只有一種原因，而無其他原因，決不能單獨造成社會，並推動社會。如果只承認一種原因，而忽略其他原因，便不能完全了解社會。唯心論者只看見社會之心的作用，而不見物的作用，自然不免陷於玄虛。唯物論者只看見社會之物的作用，而不見心的作用，也不免流於淺薄。所謂馬克斯主義者只看見經濟的作用，而不見其他物質的作用，更不免於狹隘。

三、社會學與教育學的關係

社會學是一種社會科學，教育學也是一種社會科學。這兩種社會科學的關係，非常密切，因爲社會學是普通的社會科學，教育學是專門的社會科學。普通的社會科學必須取材於專門的社會科學，專門的社會科學必須根據普通的社會科學。那末，社會學就變成教育學的基礎，教育學就變成社會學的應用了。更明白點說，教育學只能算是一種應用社會學，也不爲過。社會學沒有教育學的研究，固不易完成，教育學沒有社會學的幫助，也不易發達，或者只能成爲畸形的發達。社會學最能幫助教育學的，莫過於教育的社會學觀(Sociological view of education)。

什麼叫做教育的社會學觀？簡單點說，便是用社會學的見地，研究教育，實施教育。在社會學未發達以前，教育學所依據的基礎科學是心理學。用心理學的見地去研究教育，實施教育，便須注意兒童的本能、需要、能量（capacities）和發育，而以兒童爲教育的中心，將傳統的教材（traditional curriculum）推翻了。這在教育學上是個大進步。但是兒童的心理固爲教育上所應注意的問題，兒童究竟不能算做教育的中心，至多只能算做教育的對象。兒童要在社會中才能生活，教育是幫助兒童在社會中如何生活，才能得到最大的效率。所以教育的中心，固不是教師，也不是兒童，而是社會。由社會中心說看來，不但推翻了兒童中心說，並且改造了教育的理論和方法，使教育學更得一大進步。爲明瞭起見，可將教育的社會學觀分析說明如下：

第一、從社會學上看來，教育的本身卽含有社會的意義。教育就是一種社會關係，教育離開了各種社會關係，不但無從實施教育，並且無所謂教育。教師與教師的關係，教師與學生的關係，學生與學生的關係，均直接含有社會的意義；教師與教材的關係，學生與教材的關係，也間接含有社會的意義。更擴大來看，實施教育的機關，卽所謂學校，不過是一種社會制度，學校內的一切設施，都是社會生活的縮影，而又反映於學校外的社會生活。所以杜威（Dewey）說：「學校就是社會，教育就是生活。」（School is society, education is life）這兩句話，一般人以爲是杜威教育哲學的基本觀念，其實乃從教育的社會學觀歸納得來。旣可充分表現教育和社會的密切關係，又可充分表現教育的社會意義。

第二、從社會學上看來，教育的宗旨須適合社會的目的。教育是爲社會設施的，不只是爲個人設施的，因此教育的宗旨必須適合社會的目的。不過近代思潮趨向個人主義，教育研究着重兒童問題，有時不免忘却了教育的社會目的，而集中於教育的個人目的。近代教育學的開山祖赫爾巴脫(Herbart)所定「教育的目的在產出平衡的、多方面的趣味」，可說是偏重個人方面。其實個人只是社會的分子，社會却是個人的總體。教育目的必須着眼在總體，然後不致得其小體，失其大體。舊日中國學者有一句教人的成語：「學者所以學爲人也」。這個人字，不是指孤獨的人，而是指倫理的人。倫理的人雖不盡洽於近代的教育理想，然教人爲人，確屬於社會的目的，而不是個人的目的。將教育目的由個人方面移向社會方面，是社會學對於教育學的一個大貢獻。但是所謂社會的目的，不是各時代各國家完全一樣的。時代起了變化，教育的目的也應隨着變化。例如中國的舊教育是以養成孝子爲主要目的，而新教育則以養成國民爲主要目的，卽由於時代的重心由家庭移到了國家。每個國家的社會情況不同，則教育的宗旨也應隨着不同。例如中國不能照抄日本的教育宗旨，也不能照抄美國的教育宗旨，更不能照抄俄國的教育宗旨。因此我們要一個眞正適合社會目的的教育宗旨，在大體上必須認定某個國家當前時代的共同要求，以免大而無當，又免小而失體。

第三、從社會學上看來，教育的設施必須適應社會的需要。教育要能幫助兒童在社會中得到最有效率的生活，已在前面說過。然而從來的學校教育，無論古今中外均不免過重書本，過重文字，每每學者縱求得了學富五車的書本知識，尚不能在社會中生活，只成功一種特殊的寄生階級而已。這樣的教育，越發達越足以造禍於社會。因為無論何人，不能不生活，而學校教育與實際生活隔離過遠，反使受教育者無法生活，其勢必至壞者變成高等流氓，好者也只能從事「輪迴教育」，反復將書本知識傳之後代兒童，如是而已。輪迴過去是老八股，輪迴過來也不過是洋八股，通同都逃不出文字教育的範圍，除了文字以外，幾乎無所謂教育，這是中國幾千年來教育的寫眞。我們要矯正這種流弊，必得使教育的一切設施，處處適應社會的需要。社會需要經濟的能力，學校必須培養兒童的經濟能力；社會需要政治的能力，學校必須培養兒童的政治能力；社會需要做人的能力，學校也必須培養兒童的做人能力。簡單點說，一切學校設施，須力求其生活化，社會化(Socialization)，決不可閉門造車，望其出而合轍。不過學校的設施，固須力求其社會化，乃能適應社會的需要；而所謂社會化者，又須有相當的選擇與限制，才不至失去學校教育的功用。現在有許多實施教育的教師，不耐社會罪惡的激盪，竟至同流合汚起來，以為這就是社會化。受過教育的青年，以書本知識之不足以應付社會，又力求通「世故」，隨風轉舵，一天天的進於醜惡的社會化，而不自知。斲喪人才，莫過於此，所以我們不可將社會化與通世故認成一樣的意義。社會化只是要學校的設施與社會的生活溝通，使得養成學生具有切實合用的能力，並不是拘守社會的現狀，使學生「世故」化，完完全全學着一副壞本領。

第四、從社會學上看來，教育的效果須能促進社會的進步。社會是繼續不斷的向前變化，爲社會所設施的教育也應繼續不斷向前改進，並且還要繼續不斷促進社會的變化。有人以爲教育的最大功用，在傳遞民族過去的經驗（即精神的遺產）於後代青年，遂認定教育的本質是保守的，或者偏向保守方面。例如中國舊教育即重在保守中國固有文化，其實教育不是純粹保守的，還具有積極改進的功用。教育固須傳遞一個民族固有的文化於後代青年，但並不是將固有文化當做古董教兒童去保守，而是將固有文化當做資料教兒童去改進。如果固有文化不够充兒童改進社會的資料，還要擇取非固有的文化，即外來的文化，酌量灌輸給兒童，使社會隨之得到長足的進步。所以說教育具有積極改進的功用。不但如此，任何社會要加以有意的改造，其最有效力的工具，也莫過於教育；因爲在學校受教育的兒童比較富於理想，而又少障礙改進的舊觀念，用教育的方法培養兒童改造社會的態度，並提示兒童改造社會的途徑，便可漸次構成一種風尙，養成一種習慣，而得到改造的較大效果。因此，社會改造家莫不重視教育運動。例如前清創立新式學校，派遣東西洋留學生，不但在當時是一種新政，並且成了辛亥以前一切改革運動的一個大原動力。民國十年前後的一切運動，也大受五四以後新文化運動和新教育運動的影響。不過我們還須要記着：教育這個改造社會的有力工具，如果只用於保守固有文化，固足阻礙社會的進步；如果不顧當前事實的需要，硬用這個工具灌輸不能實現的幻想，也足增加社會的混亂，摧殘未成熟的青年。有志改造社會的人們，不可不善用教育啊！我們明瞭了以上的四點，也就可以知道教育的社會學觀和教育的社會中心說，並且可以知道教育和社會的密切關係以及教育學和社會學的密切關係了。現在再引斯密司(Smith)對於教育的社會學觀的解釋如下，使我們更知其重要：

「一個教育的社會學觀是主張教育須用社會的觀點(Social vission)在學校的各部工作上勤求社會的目標(Social objectives)。社會制度必須保存、繼續、並且改造，以適合文明進步的需要。一切社會程序(Social processes)的保存、振作、和改進，在教育上的重要，實不下於個人才性的發展。學校既爲一種社會制度，必須能够保存社會的遺產，增加社會組織的效率，鼓勵兒童服從並積極參加社會統制的機關，並且培養創造的能力和改進社會必要的責任心。這些事項必須改造教育的宗旨、課程、和方法，使教育行政家、教師和學生知道教育必須求得社會的效果已成爲一個目的，如同獎進個人的發達和成功一樣重要。」——斯密司教育社會學原理第三八至三九頁。

四、教育社會學是什麼

依據社會學的觀點來研究教育以構成教育社會學，如同依據心理學的觀點以研究教育而構成教育心理學，是一樣的事例。教育社會學這個名詞雖比較教育心理學的名詞晚出，然依據社會學的觀點以研究教育，則已有數十年的歷史。杜威教育哲學的根本觀念，不外社會學觀。他關於學校與社會（School and Society）的講演（中華書局有譯本）在一八九九年卽已問世。這個講演集的主要主張只是力求學校教育的社會化與生活化。到他的教育哲學名著民治主義與教育（Democracy and Education）（商務印書館有譯本）出版，又大發揮「教育就是生活」的道理。一九一二年柏滋（Betts）的教育之社會原理（Social Principles of Education）出版，遂使教育社會學有成爲一種專科研究的趨向。一九一七年司頼登（Snedden）的教育社會學綱要（Educational Sociology: A Digest and Syllabus）出版；同年斯密司（Smith）的教育社會學導言（An Introduction to Educational Sociology）也出版；各別發揮教育社會學的內容，自成一個系統，於是教育社會學便成一個專科的研究了。從一九一七年以來，各家關於教育社會學的專著更多起來。司頼登有教育目標之社會學的決定（Sociological Determination of Objectives in Education）和教育社會學（Educational Sociology 一九二二年）兩書；克勞（Clow）有教育應用的社會學原理（Principles of Sociology with Educational applications 一九二〇年）；錢士祿（Chancellor）有教育社會學（Educational Sociology）；彼得（Petters）有教育社會學的基礎（Foundations of Educational Sociology）；古德（Good）有社會學與教育（Sociology and Education 一九二六年）；斯密司有教育社會學原理（Principles of Educational Sociology 一九二八年），等書先後出版。各書內容並不一致，其中以斯密司的教育社會學原理一書比較明瞭而有系統。其他各國用社會學的見地以研究教育的專家，也不乏其人。例如英國社會學家斯賓塞（Spencer）所著的教育論（商務印書館有譯本）即是用社會學的見地規定教育的目的和教材的價值，已早有影響於教育。法國社會學家涂爾幹（Durkheim）於一九二二年出版教育與社會學（Education et Sociologie）也是用社會學的眼光討論教育。陶孟和編的社會與教育，（商務出版），雖大體上是取材於斯密司的教育社會學導言的上半部和克勞的教育應用的社會學原理，然在中國總算是破天荒的教育社會學專書。還有陳啓天譯的應用教育社會學（中華出版）係依據斯密司教育社會學導言的下半部，也可補前書之不足。由此可見社會學觀在教育研究上之普遍了。

教育社會學，經美國多數學者的研究，在教育上不僅是一個重要的觀點，而且成了一種專門的科學。究竟他是一種什麼科學？試引各家的說法如下：

第一、教育社會學是應用社會學的方法、原理和材料於教育的研究和實施。——斯密司教育社會學原理第六頁。

第二、教育社會學是應用社會學的科學精神、方法和原理於教育的研究。——斯密司教育社會學導言第十五頁。

第三、教育社會學是用科學方法決定教育目標為他的主要範圍，在一方面是純理社會學和社會效率的應用或聯結的科學，在又一方面是教育學的應用組合而成。——司賴登教育社會學第三三頁。

第四、教育社會學是從社會學及其他社會科學選擇材料和方法以解決教育的重要問題。——司賴登教育社會學綱要第六頁。

第五、教育社會學是用科學方法研究人民在各種社會組織或社會團體（Social groups）中怎樣生活，而着重研究在各種社會組織中生活所得到的教育，和在各種社會組織中有效率的生活所必須的教育。從探求教育與社會生活的關係方面看來，他是一種純理科學，用他來改進學校或他種社會組織所實施的教育時，又變成應用科學了。——古德社會學與教育第二五頁。

以上五種說法，以第一種爲較簡括而合用。教育社會學既是應用社會學的方法、原理和材料於教育的研究和實施，那末教育社會學便毫無疑的是一種應用的社會學了。他除應用社會學的方法以外，無特殊的方法；除依據社會學的原理以外，無特殊的原理；除選取社會學的材料以外，也無特殊的材料。他之所以能够構成一種專門科學，而且値得獨立研究的原因：在一方面從理論上將教育當做一種社會制度來分析，並研究教育與他種社會制度的相互關係和影響，以確立教育的社會學觀；在又一方面從實施上貫澈社會的觀點於教育宗旨、教育行政、教育材料、教育方法和一切教育活動中，以增進教育的社會效率（Social efficiency）。前一方面在普通社會學上也有討論到的，不過不及教育社會學專門研究的詳細精澈，而容易令人注意。至於後一方面在普通教育學上也有討論到的，不過又不及教育社會學專門研究的具體周到而便於教師實施。合起兩方面的研究，便成功教育社會學。各家關於教育社會學的著述：有將理論和實施兩方面一律討論的，例如斯密司的教育社會學原理；有偏重討論理論方面的，例如司頼登的教育社會學。至於本書只討論教育的社會學理論方面。

教育社會學成爲專門的研究學科，現在還不能稱爲完備，所以亟待精確的和系統的研究。而且前此的實際教育過於着重兒童心理和個人發展，忽略了社會狀況和社會效率，非趕快將教育社會學充分完成，不易以教育的社會學觀矯正教育的心理學觀，更不易以集團主義（Collectivism）的教育修正個人主義的教育。

第十五章　家庭與教育

一、家庭在社會學上的意義

從社會學上看來，家庭是一種原始的社會組織（Primary group）。在原人時代，卽有家庭的組織，在現代也有家庭的組織。我們可以說任何時代和任何國家，家庭的形式縱有不同，家庭的組織却是一種普遍的社會制度。此種社會制度在社會進化的歷史上實含有極重要的意義：一切社會的進化，須賴種族的綿延爲之傳遞。而種族的綿延，又賴有家庭的組織爲之生聚、教訓和保養。如果沒有家庭，縱能生聚，也難繁殖；因爲兒童時代得不到家庭適當的教訓和保養，不但心理上得不到健全的發展，卽生理上也得不到健全的發展，那裏能够使種族繁殖又綿延呢？由此我們可以說家庭不只是兒童的搖籃，並且是種族的搖籃。一切種族都是在這個搖籃中漸次搖大的。這個搖籃生了問題，種族便要漸次衰敗，這是家庭在種族上的意義。自古代到現代，家庭經過種種變化，而未完全崩潰的根本原因，卽在家庭與種族的生聚與繁衍有密切的關係。種族的生聚與繁衍，一面與人類的天性或者本能有密切關係，又一面與社會的進化有密切關係。

家庭在經濟的發達上也有極重要的意義。有經濟學者就經濟活動的範圍分經濟的發達做四個階段：（一）家庭經濟時代，（二）都市經濟時代，（三）國家經濟時代，（四）世界經濟時代。在家庭經濟時代，卽以家庭爲經濟活動的中心，家庭之所消費，卽取之於家庭所生產者。在家庭以內實行分功合作，不出家庭以外可以自給自足，因此離開了家庭便無經濟可言。家庭在經濟發達的初步之重要，於此可見。卽經濟發達到了都市經濟時代，家庭在生產上的地位，並未十分降低，不過其所消費者不盡取於家庭耳。國家經濟時代雖因工商業大發達，大大降低了家庭在經濟上的地位，然農業的支持還大部分靠着農人的家庭。農業尚未機械化之前，家庭在經濟上總還有他相當的意義。

家庭在政治上也有重要的意義。家庭的分支形成了龐大的家族相聚而處，便少不得相當的統制。有德望或才智的長老便成了家族的統制者，有人叫他做家長或族長。此種族長的統制在古代是國家未形成以前的政治組織，在近代是地方自治的鄉村基礎，都在政治上有重要的意義。自最初的國家到近代的國家，其發展的過程，曾有宗法國家之一階段，在此一階段中，家庭於政治上佔了最重要的地位，一方面家庭是社會的組織單位，成了國家的基礎，所謂國之本在家者是也；又一方面國家的秩序大部分建立在家庭的秩序之上，即確定家庭的秩序以鞏固國家的秩序；再一方面以治家之道來治國，即君主以至下級官吏自居於家長的地位，而以孝道治天下也。過此階段以後，家庭在政治上的重要性便漸次減少。

家庭在社會學上較重要的意義本不僅以上三方面，至少還有一方面關於教育上的意義，留待下節再詳說。不過我們還要知道家庭關於以上三方面的意義，在現代並非同等重要。家庭的歷史經過千變萬化，而尚不至全部動搖的根本原因，在於他具有種族的意義；至於在經濟及政治上的意義，則遠不及現代以前之重要了。家庭又因經濟狀況不同，而變異了他的重要性；大概在農業社會的家庭比工業社會爲重要，這是我們不可忘記的百通。

二、家庭在教育上的重要

家庭在教育上的重要，可從幾方面來說說：先從家庭的本身說，從來家庭就是一種教育機關，在學校制度未普及以前，家庭在教育上佔最重要的地位，成了教育的中心機關。

中國古話有句「士之子恆爲士，農之子恆爲農，工之子恆爲工，商之子恆爲商，」並不是說士之子天生出來就做士，農之子天生出來就做農，工之子天生出來就做工，商之子天生出來就做商；不過是說，父母的職業不同，所施於子女的教育就不同，子女所受的教育不同，他們的職業也就不同了。子女的職業固受家庭教育的影響，就是其他方面如做人處世的方法，也大受家庭教育的影響。舊日中國所謂「家風」「家法」和「家教」等等名詞的含義，特別注重做人處世方面的教育。於家教之中又特別講究「母教」，於母教之中又追溯到「胎教」，可見舊日家庭在教育上之重要了。學校制度既普及以後，教育的重心，雖由家庭移到學校，然家庭仍不失爲一種非正式的、輔助的教育機關，有相當的重要。學齡以前即六足歲以前的兒童縱有幼稚園可入，而教育他們的中心機關仍是家庭，不是學校，且不必說；即在小學的學齡兒童也是小半時間在學校，大半時間在家庭，家庭的非正式教育往往與學校的正式教育發生正反兩方面的影響。再進一步說，中學和大學的學生，雖以學校爲生活的中心，比較少受家庭教育的影響，然總不能說家庭對於他們毫無教育的影響。總之，兒童的年齡越小，家庭給與他們的教育影響越大，反是則較小耳。

再從兒童的生理和心理狀況說，家庭在教育上更覺重要。兒童在未成年以前，學者叫他做幼稚期（Period of infancy）。所謂幼稚期者，言其在生理和心理兩方面均未成熟

(Inmature)而發育最快也。兒童在幼稚期尤其在嬰兒期的養護，最有關於生理的健康，非賴父母的保抱扶持不易得適當的發育。至於幼稚期的心理狀況最富於可教性(Plasticity)或感受性，「染於蒼則蒼，染於黃則黃」；給以什麼刺激，便發生什麼反應，而且此種反應最足以影響成年後的品性。中國俗話所謂「由小看大」，有幾分暗合心理學上所謂第一印象(first impression)的道理，卽最初的刺激。家庭所給與兒童的教育，既多屬第一刺激，而兒童又富於可教性，所以無感（刺激）不應（反應），其影響在兒童的一生便特別重要了。

更從家庭教育的特質說，其重要也不下於學校教育。家庭教育雖多屬非正式的教育(Informal education)，然其內容幾全屬實際生活所必需者。凡兒童實際生活的基本技能，如飲食、睡眠、衣裝、言語、動作、行走，以至與人應對的方法，都是在家庭中從墮地到入學以後一點一滴漸次學習得來。如果沒有家庭，這種種實際生活的基本技能，便不易學得，縱令可以學得，又不知要費多少類似家庭的設備始能做到，尙不如家庭的妥貼。入學以後，兒童多與文字接近，其能保持與實際生活的密切關係，而又學得進一步的生活技能，也多賴有家庭的生活教育。例如男子之於種田作工，女子之於縫紉烹飪。由此我們可以說家庭教育的第一個特質，便是教育的內容適合實際生活的需要，簡單點說，便是生活的教育，與學校的文字教育立於相對的地位。家庭教育的第二個特質，便是個別教育。兒童在家庭中與父母相處，其個性父母最能了解清楚。因此父母教育子女，最能順應其個性而利導之，使得盡其才能爲個別的發展，不似學校教育偏重班級教授，學生只可旅進旅退，不易個別發展。家庭的個別教育正可稍補學校教育的缺點。家庭教育的第三個特質是感情教育。父母與子女有直接的血統關係，在心理上彼此均容易發生同體的感情。在生活上，父母對於子女又愛護無所不至，爲子女犧牲，爲子女安排，爲子女期望，而求其能自樹立。這種摯愛，只有家庭容易發見。子女在父母的摯愛保育之下，也自自然然產生感情的反應。因此家庭便成爲一切愛的搖籃了。家庭教育的感情成分比任何學校教育多得多，其所以有特殊價值者在此。然亦不免有流弊，即在一方面因父母溺愛，誤了子女；在又一方面子女只知有家庭之愛，而不知擴而充之。

綜合以上三方面說來，家庭在教育上確有其相當的重要。正式教育制度——學校普及以後，家庭教育的重要性雖比較減少，然其足以補助學校教育之不及，也不可忽視呢！

三、現代家庭問題對於教育的影響

現代社會問題非常之多，家庭問題即其中的一個重要問題。所謂家庭問題的內容也非常之多，家庭進化到現代，本身發生了動搖，却是他的一個根本問題。歐美各國以及中國離婚的數目一天一天的加多，卽是家庭本身發生了動搖的一個主要象徵。家庭在現代所以發生問題的主要原因，大約不外以下數種：第一是個人主義的發達。現代婚姻以自由戀愛爲神聖，以個人幸福爲依歸，因此父母在家庭中的權威大減，子女在家庭中的保護也疏忽了。承前非所重，啓後亦非所重，其所重者惟在個人，於是家庭遂不能維繫而發生動搖。第二是婦女運動的發達。在近代以前，婦女是支持家庭的一個重要份子。但入近代以後，婦女與男子要求平權，紛紛自家庭中跑到社會來。兒童時代則就學於學校，不能且不願自認爲「閨女」。成年以後則服務於社會，不甘於做處理柴米油鹽等家務的「室人」。這樣一來，凡受過教育的婦女，多不願只做守家的主婦，家庭何能不動搖呢？第三是工商業的發達。自工業革命以來，世界各國鄉村的居民都漸次集中到都市，居屋多是租的，甚至是分租的斗室，毫無迴翔的餘地，不似鄉居之寬敞。作工是在工廠、商店以及公共機關，也不似農村的家屋與田野有密切的關聯，世耕其地，可以終老不移。因此在都市的家庭便不及在農村的穩固，而時時在動搖之中，無法補救。第四是超家庭思想的發達。從前多數人的思想，多拘束在家庭這個小天地之中，生於家庭，死於家庭，從生到死，多是爲的家庭或家鄉。然近代以來，因各種事變產生了各種超家庭的思想，與根據於各種超家庭思想的實際運動，使家庭思想不得不落後，並且動搖家庭思想的基礎。例如社會主義的思想，有根本主張打倒家庭的；國家主義的思想雖不主張打倒家庭，但仍主張愛國心要勝過愛家心，爲國家服務比爲家庭服務還要重要，也足以使家庭的思想稍稍退處無權。總之，無論何種超家庭的思想都是一種新人生觀，與僅限於家庭的舊人生觀不免抵觸，家庭思想動搖了，自不免動搖家庭的組織。現代家庭成問題的原因在此，家庭問題所以不易解決也在此。

現代家庭旣成問題，自然家庭教育也隨着受影響。其最受影響的所在，約有以下幾點：第一是兒童的健康不及從前的家庭。從前的家庭多在鄉間，旣常有新鮮的空氣可以呼吸，又常有曠野可以做天然的遊戲場，使兒童的身體比較健康。然現代家庭漸次集中都市，其環境都比較不適於兒童的健康。這種影響是因家庭所在地不同而發生的。第二是兒童的心理不及從前安詳、樸質、純厚。正在發育的兒童，居在都市中感受極複雜、極惡劣、極變化的刺激，每易使其心理變爲浮動、油滑並且刻薄，而失去良好的質地。第三是舊日家庭常有種種小玩藝練習兒童的技能，而現代家庭以父母多不在家中工作，致兒童無從模仿父母的職業，用小玩藝來練習技能。第四是舊日家庭的兒童，自八九歲後卽從父母學習，漸次獲到職業的訓練可以獨立生活。而現代家庭則父母常在家庭以外工作，不得不將子女自幼小送入學校。在學校雖可獲得相當的文字教育，然不易得到舊日家庭中的職業訓練，致受過學校教育的兒童，有時反無以謀生。第五是舊日家庭對於女子都有家事的訓練，而現代家庭因將女子送入學校，致鄙視家事訓練，造成了一批只會消費不會生產，連烹飪、縫紉、育兒也不會的新式小姐和新式太太，同時還造成了極少數離開家庭，從事社會運動的新女子。第六是舊日家庭對於兒童的道德訓練比較嚴謹，並且一貫，而現代家庭則多疏忽，甚至學校教師所指示者與父母所指示者衝突，致父母失去教育子女的權威。現代家庭影響教育之處既如此之多，我們要求補救，須從家庭和學校兩方面設法。但我們決沒有方法將現代家庭完全恢復到從前的家庭狀況一樣。換句話說，我們不能將家庭完全復古！也不能將家庭教育完全復古！

四、家庭教育的困難及其實施

家庭教育在教育事業上既有其相當的重要，然而教育家多注意學校教育，少研究家庭教育者，則以其爲非正式的教育，具有種種困難，不易着手。家庭教育有何種困難呢？家庭教育的實施者爲兒童的父母。然父母的本身有未受教育者，雖應負教育兒童的責任，而不知如何教育兒童；但知以其得之於社會的風俗習慣勉強灌輸於兒童，材料既傾向保守，方法又極其專制，每每亂打亂罵，以強制兒童服從，致兒童全不感興趣。這是第一種困難。有的父母雖然受過教育，但又以忙於在外工作，無暇顧及兒童的教育，甚至只知父母本身的幸福，完全不管兒童的幸福，自然談不到什麼家庭教育。這是第二種困難。有的父母思想旣極頑固，不知今世爲何世，行爲又極腐敗，而以嫖賭詐騙爲生，萬萬不宜將教育兒童的責任交給他們。這是第三種困難。有的父母過於溺愛兒童，嬌養兒童，而全不與以適當的指導。這是第四種困難。多數的家庭只有極窄隘的居室，無兒童遊戲的場所，無兒童作業的設備，幾乎全然談不到什麼教育。這是第五種困難。一切家庭的環境不同，經濟的能力不同，父母的知能不同，子女的個性不同，因此種種，不易求得一般的指導原則，做家庭教育的根據。這是第六種困難。家庭中的社會關係過於簡單，不易得到伴侶的鼓舞，也不易得到廣大的觀感，使兒童奮發。這是第七種困難。有此七種困難，所以家庭教育尙未能獲得最大的效果。不過家庭教育確能補助學校教育，教育者也應加以相當的注意。

在家庭中實施教育，所應注意的方面，有以下幾種：

1.家庭的健康教育——家庭對於兒童的健康教育，至少應注意者有以下幾項：（一）飲食不宜太濫太多，一切零食以少吃爲佳。（二）睡眠宜十分充足，每日晚九時以後卽宜入睡，早七時以前卽宜起床，睡時不宜多人同床，窗戶不宜完全關閉。年齡越小，晝寢的時間越要多，卽十歲上下的兒童每日能午睡一小時爲妙。（三）衣服不求華麗，但求清潔而且寒煖適宜。（四）兒童喜活動，喜遊戲，家中宜備有極簡便的玩具，藉以鍛鍊身心；父母如有暇時，宜帶引其常遊公園或田野，萬萬不宜令其呆坐，致妨發育，也不宜討厭兒童的活動，以亂罵亂打的方法制止之。（五）兒童一有疾病，卽宜醫治，既不可任其自然，也不可亂投藥石。以上幾項可隨父母的經濟能力及居屋的環境酌量注意，雖貧家也不可完全疏忽。

2.家庭的自然教育——在家庭中宜利用以下各種機會灌輸極粗淺的自然知識：（一）利用日常食物如米麵、菜蔬、水果和肉類灌輸植物和動物的常識；（二）利用風霜雨雪雷電日月灌輸天文的常識；（三）利用家畜灌輸畜牧的常識；（四）利用菜圃及田野灌輸種植的常識；（五）如家庭附有花園的，更可利用他灌輸花卉、草木等的常識，並獎勵其親去培植，實地學習。凡父母對於兒童解釋自然現象，切戒用通俗的迷信，閉塞兒童的好奇心。

3.家庭的道德教育——父母在家庭中對於兒童的道德教育，至少應注意以下數項：（一）獎勵誠實，力戒兒童說假話。凡兒童初說假話，父母卽須力加告誡，既不可忽視，也不可因說假話而得便宜，更不可縱使兒童說假話，以便於父母對人得便宜。如果兒童學會欺詐，則一切俱不可問了。（二）學習禮節及相當的稱謂。兒童初解人意之時，即宜教以禮節，凡客人到家，即教以鞠躬請教，決不可令其毫無禮貌。（三）獎勵公正，力戒兒童佔便宜。兒童在家與兄弟姊妹同居，一切食用，都要彼此具備公正的精神，決不可令強者獨佔便宜；與他家兒童往還，尤不可以其得有便宜加以贊許。（四）力戒兒童偷竊或霸佔。凡可與兒童之物，父母得量時酌與，免其在家偷竊或霸佔，如發現偷竊或霸佔情事，即須與以懲戒，免其再犯。

4.家庭的職業教育——家庭可以注意到的職業教育，約有以下數種：（一）手工，十歲以上的兒童，可在家庭中學習簡單的手工，以鍛鍊技能；（二）家事訓練，凡刺繡、烹飪與縫紉等，女子無論住學校否，宜令其學習；（三）園藝，有花園的家庭與農家可令兒童學習園藝；（四）農工商業之較簡單者，可令兒童隨同成年見習。

5.家庭的公民教育——家庭父母對於兒童的公民觀念，須自幼即行注意培養：（一）家庭可常備國旗，以引起兒童的愛國觀念；（二）父母可利用重要的時事向兒童說明人民與國家的關係及公民常識；（三）父母可利用地方自治事項及選舉事項灌輸民治的觀念於兒童；（四）家庭可懸掛有功國家的人物像片，以引起兒童崇拜的觀念；（五）家庭可備置有關政治的簡易書報，令其乘暇翻閱。

6.家庭的性教育——兒童的性欲是自小漸次發育成熟的。父母對於兒童此方面的教育應注意以下數項：（一）在十二歲以前決不可任人撫摩兒童的生殖器，致養成可婚年齡以後的手淫習慣；（二）鄭重解釋兒童關於性欲方面的疑問，決不可過於神秘，也不可過於穢褻；（三）禁看淫亂的小說；（四）指導男女社交；（五）指導訂婚及結婚事項。

實施家庭教育的責任全在父母，故父母一面須具以上各方教育的常識以指導兒童，一面又須以身作則，使兒童潛移默化。

五、家庭與學校的關係及合作

家庭是非正式的教育機關，學校是正式的教育機關。此兩種機關所教育者爲同一的兒童，故彼此的關係非常密切，必須相互輔助而後可以完成整個的教育功用。現分三項說明如下：

1.家庭對於學校的關係——家庭對於學校的態度，可以影響學校教育的效果。因爲兒童長期在父母卵翼之下，父母對兒童早經具有相當權威。如果父母對學校加以贊許，則教師在兒童心理中的權威自然加高，教育的效果也加大，否則教師不免降低信仰，效果也不免減少了。因此教師必須設法使家庭信仰學校，尤其須使比較進步的家庭信仰學校，然後學校教育之實施乃可得家庭的許多幫助。兒童在家庭所受的教育最有影響於學校教育，故學校又須於兒童初入校時，明瞭他們所受家庭教育的程度，以決定其學習能力與夫個性之所由造成。至於家庭環境，也隨時足以影響學校教育，學校必須調查兒童的家庭環境，並設法改造之，使其適於兒童在家學習及遊戲之用。

2. 學校對於家庭的關係——再從學校對於家庭的關係說，則學校須盡量設法適應家庭的需要，並改造不良的家庭。學校教育固不僅限於適應家庭的需要，然家庭爲人生必不可免的一種社會生活，學校既代替父母教育兒童，則於其需要也未可完全忽視。學校對於家庭生活必須加以指導，使兒童可以適於家庭生活之事項，有以下幾種：（一）家庭道德的培養，即指導兒童在家庭中應守的道德，以維持家庭的秩序，並酌量與以較高的家庭理想，使後代的家庭得着進步。（二）家事訓練如縫紉、烹飪及家庭管理等，學校應列爲一種專科，使兒童在學校得到治家的能力，決不可忽視此種訓練，致兒童在家庭中成了一個做客的小姐或少爺，而不是家庭的一個健全份子。（三）家庭經濟應如何預算，如何管理，如何開源節流，學校亦宜與兒童關於此方面的常識，以便兒童他日獨立生活時，可以預爲自謀。（四）家庭衞生常識亦須酌量灌輸，以改進現實的家庭，增進兒童的康健。

3. 學校與家庭的合作——學校的直接責任在教育兒童，間接的責任在改造兒童的家庭，以便於教育兒童。要完成這兩重責任，必須與家庭合作，而實行以下各種方法：（一）舉行家長懇親會。此會在小學爲最要，每學期必須舉行一次，使家長與教師發生親密的關係。（二）訪問家長。教師可於暇時赴學生家庭訪問家長，一以查看家庭的實際狀況，二以說明學校情形，三以搜集家長關於教育兒童的意見。美國小學設有訪問教師，（Visiting teacher）專門訪問學生家長與學校溝通聲氣，亦可採用。（三）舉行學生成績展覽會。小學每半年至一年須舉行展覽會一次，展覽學生成績，邀請家長到校參觀，既可鼓勵學生努力，又可得到家長欣賞。（四）通知家長。關於兒童在學校的成績應按期通知家長，關於學校的作業時間也應通知家長，以免兒童蒙哄家長在外浪游。關於兒童在家的作業也應通知家長協助監督；關於兒童有特殊問題應注意時，更宜通知家長共同設法解決。（五）承認家庭作業。兒童在家庭中的作業，學校應予以承認，與學校功課同等看待，有時還可規定家庭作業設計，令兒童在家學習。（六）指導家長。學校可以散發小册子或舉行講演，以指導家長應如何輔助學校教育兒童，並如何改造家庭以增進兒童的幸福。

第十六章　鄉村與教育

一、鄉村社會的狀況

鄉村社會由來很久。人類知道了耕稼之後，就產生鄉村社會；幾經進化，成爲現代的狀態。最初的狀況是一種村落社會，多數農民集聚在村落中分有一定的土地，同時又共有一定的土地爲耕稼畜牧之用。進一步爲封建的鄉村社會，土地成了領主的所有物，農民成了土地的附屬品，在領主壓迫之下勤勞工作。再進一步爲租佃的鄉村社會，土地可以自由買賣，農民可以自由工作，農民也可做地主，地主與佃農的關係只是一種有限的契約，不是一種固定的名分。更進一步爲現代鄉村社會，農業經過了工業革命而機械化了，生活的內容也複雜起來，生活的標準也提高了。這是世界鄉村社會進化的四個階段。鄉村社會的主要特徵是以農業爲主業，所以有人叫他做農村社會。關於鄉村各方面的狀況，大概如下：

第一、鄉村社會建立在自然狀況之下，富有自然的情境。山川的形勢，草木的生長，鳥獸的繁息，日月的流行，雨露的潤澤，在在與人以一種自然的情感。因此鄉村的人民常與自然接觸，隨時得着自然的情趣。又鄉村社會既建立在自然狀況之下，不得不受自然勢力的支配。一切生活情形都有幾分為自然勢力所決定。因此鄉村人民常有依賴自然的心理傾向。

第二、鄉村社會的經濟狀況是以農業為主業，手工業為副業。農業和手工業的出產幾乎可以完全自給，不必多所仰給於他處。因此鄉村人民有「日出而作，日入而息，鑿井而飲，耕田而食，帝力於我何有哉！」的氣象。不過經濟的分工發達以後，「以其所有，易其所無」的商業經營，在鄉村與鄉村間以及鄉村與城市間也漸次發達起來，再不能完全保持經濟獨立自給的狀態。鄉村經濟既以農業為主業，而農業的投資有限，收入也有限，並且不到收入的季節是不易有收入的。因此鄉村經濟多現一種窘迫的狀況。

第三、鄉村的交通狀況比較不便利。鄉村交通的工具多靠人力，交通的路線多順自然，因此人的往來固費時費力，物的搬運尤其費時費力，信的交通也同樣費時費力。有些鄉村雖早用騾馬做交通的工具，但是笨拙非常；有些鄉村雖漸用汽車做交通的工具，但是也少得很。至於在鄉村敷設電信，增加郵箱，在中國尚未完全做到。鄉村的交通既如此不方便，所以鄉村的風俗非常閉塞，鄉村的經濟非常停滯，鄉村的人民非常幽靜，甚至幽靜到「老死不相往來」。

第四、鄉村的政治狀況比較疏簡。舊日中國有所謂「天高皇帝遠」的說法，卽是表明中央的政治權力不易達到鄉村，與鄉村人民直接發生關係的，只有所謂親民之官，卽縣令，而縣令又常在縣城，不多到鄉村去。鄉村既少有警察的設備，也缺少自治的組織，因此鄉村政治狀況比較疏簡。現在中國，雖然沒有皇帝，政治的權力仍舊不易達到鄉村。鄉村人民與政府的關係多只限於賦稅與訴訟。正式的自治組織也未完全建立起來。凡關於鄉村的自治事項如保甲團練及其他公益等，多由族長與紳士主之。族長多爲一族的尊長，紳士多爲一鄉的物望。他們在鄉村的權力也非常之大，鄉村的一般人民常處於被治的地位，還未進於自治的地步。由是可以說鄉村政治仍是族長政治和紳士政治。鄉村政治是民治的基礎。鄉村政治不改進，民治便無從建設起來。現在有一部分人極力提倡村治或鄉治，是有相當理由的。可惜一面提倡村治，一面反對民治，而不知村治是民治的基礎。離開民治講村治，決不能建立鄉村的自治。以上係就抗戰以前鄉村的政治狀況說明一個大概。不過演變到現在，情況又大不同了。茲姑從略。

第五、鄉村的宗教狀況比較迷信多神。鄉村人民富於迷信，崇拜多神。自然狀態如天地日月雷雨水火山川以及草木，在鄉民心理中都以爲有神。人死有神，土地有神，竈有神，財也有神，幾乎一切都相信有神。凡人事的休咎，都出於神的意旨。害了病是由神譴，生了子是由神佑。神的權威監臨一切，超過一切。因此鄉民既有寺觀廟宇以及祠堂，家庭內的神龕經常崇奉神祇，更於遇有吉凶事件時，特別賀神求神而有一種隆重的典禮。一切敬神的典禮都足以歆動鄉民，而迎神賽會尤爲鄉村羣衆大集會的時機。無論老少男女都來參加，可見神力之大了。鄉村這樣迷信宗教，只有待教育普及之後，才能漸次破除。如果用強硬的方法倉卒去打倒如拆毀廟宇，破壞神像，必引起鄉村的大紛擾。因爲鄉民多數尙屬無知，將敬神當了安心立命的所在，如果有人毀神，必引起他們的護神運動。

第六、鄉村的人口狀況與城市比較，有種種不同的特點。（一）鄉村既是以農業爲主業，則所佔的地面必較城市爲廣大，因此人口的密度比較稀少，不若城市的比鄰櫛居，熙來攘往也。（二）鄉村的交通既不方便，則不但人的直接來往較少，卽文化上的間接接觸也較少。圖書館、博物院在鄉村固沒有設立，卽新的書報也不易獲得，鄉村的人民自然不得不比較閉塞了。（三）鄉村人民與土地的關係比較密切而且比較固定。家屋建立在什麼地方，卽有永久居在什麼地方的傾向。田產在那個地方，坟墓在那個地方，園林也在那個地方。前輩在那個地方生活，本身在那個地方生活，後輩也在那個地方生活。久而久之，人民成了土着，鄉土觀念從而產生。楚項羽說：「富貴不歸故鄉，如衣錦夜行」，便是一種鄉土觀念的通俗表示。此種觀念雖不免使人流於淺薄狹隘，但也可用以促進鄉土事業。

（四）鄉土的人民既有久居在一個地方的傾向，夫婦常相見，家庭的組織比較鞏固。子孫繁殖以後，多聚族而居，一個家族成了一個村落，血統既同，利害也同，於是演成家族主義的組織，宗法制度到現在還有相當根基。一個人住在鄉村每每爲家族的思想所籠罩，不易跳出他的範圍。中國人民多在鄉村居住，所以家族主義特別發達，在現在還不易破除。（五）鄉村人民多數沒有受過正式教育，連正式的中學教育也多沒有受過，而受過中學以上的正式教育的，又多離開鄉村集中都市，因此鄉村人民的知識程度比較的低。知識既缺乏，則其行爲多不由理智的指導，而受風俗習慣迷信感情與衝動的支配。大家是如此，從來是如此，他們也不得不如此，這是鄉村人民一切行爲的重要理由。故在鄉村談改革事業比較不容易，一切進步便少了。（六）鄉村人民自朝至暮大半在屋外活動，終日與自然接觸，陽光既充足，空氣也新鮮，他們因勤勞又得到自然的運動，幾乎用不着像都市那一樣的特別運動。因此他們的身體比較健康，壽命也比較悠久。（七）鄉村人民多聚族而居，因血統關係產生了仁愛精神，而彼此又多半從事耕稼，工作相去不遠，又產生了平民精神。對於一個鄉村人民有所希求，如乞食、借宿、借物以及借錢之類，雖陌生人多量力相助，而在都市雖同屋同居，休戚亦漠不相關。這便可證明鄉村人民的仁愛精神與平民精神較都市人民稍好。（八）鄉村人民在道德上偏向保守方面，一切傳統的道德觀念在鄉村人民的心理中比較有勢力。在鄉村中彼此多半相知，如果有不道德的事件發生，不易逃脫一般人的物議甚至處罰，於是爲非作惡的敗類比較稀少。而且在鄉村中不道德的引誘也比較稀少。因此鄉村人民，比較純樸、忠厚而有血性。古人好取有「鄉氣」之人的緣故，卽由於此。

二、鄉村的主要問題

在工商業發達的國家，國家的主要問題趨重都市。在工商業尙未發達的國家，國家的主要問題仍在鄉村。鄉村的主要問題，各國略有不同，就目前中國情形說，則有以下各種：

（一）鄉村的治安問題——因爲整個國家的政治尙未走上軌路，致鄉村的治安也不易保持。直接破壞鄉村治安的人，大概有三種：第一是兵，第二是匪，第三是盜。從前中國的兵又多又壞，一般人民見了兵如同見了匪盜一樣。如果不能設法編遣，鄉村永無安寧之日。匪有新式的，有舊式的。舊式的匪，只是打家刼舍，霸佔一方。新式的匪，更無所不爲，危害民國。如果不能設法淸勦，鄉村也永無安寧之一日。至於盜則幾乎無鄉無之，擾亂鄉村的力量雖不及兵匪之大，然使人民不能安居樂業，爲害也不小。如果不能設法捕治，恐怕三五小盜，就要漸漸變成匪了。我們要保持鄉村的治安，必須注意裁兵勦匪與治盜。要切實裁兵勦匪並治盜，在整部的政治上固須有大的辦法，而在鄉村中也要有小的辦法，卽是要用人民自己的力量保衞人民，用鄉村自己的力量保衞鄉村，使劣兵和盜匪不能立足於鄉村。那些鄉村人民自己保衞自己的辦法，便是整頓民團，淸査戶口，實行連坐等等。

（二）鄉村的經濟問題——中國經濟的主要源泉在鄉村，然而最近幾十年來，由於種種原因，致使鄉村經濟陷於破產的慘境。所以產生此慘境的主要原因：第一是軍閥的剝削，第二是貪官的勒索，第三是劣紳的豪奪，第四是內戰的騷擾，第五是匪盜的擾亂，第六是天災，第七是新舊帝國主義的夾攻，第八是多數受過新式教育的男女之巧取。關於前六點，只要看看眼前的事實，便可明白，用不着解釋。卽第七點中國農村經濟受新舊帝國主義夾攻的影響，也爲現在稍有知識的人們所洞悉，用不着多解釋。至第八點似乎尙無人注意及之，自國內中學生以至國外留學生，大多來自鄉村，他們的父兄也大多是農民，他們仰賴父兄在鄉村力田的辛苦產品，大批的換成金錢拿到都市使用，其所使用的物品又大都是舶來品，將金錢送給帝國主義者。在中國，生產是農業的生產，消費是工業的消費，已經是一個變態現象，而農民的農業生產從家庭中拿到都市來供學生的工業消費，而中等以上的學生對於鄉村幾乎沒有絲毫的酬報，尤其是一個變態現象。受新式教育的男女這樣巧取農民的金錢，即是無形中破壞了農村經濟。因此有人說，到都市受教育的人越多，鄉村經濟越沒有辦法。我們要解救鄉村的經濟問題，必須對於以上的各種原因加以相當的診治。此外尚須注意到水利、土地、生產、消費以及金融等鄉村經濟問題，始能澈底改進鄉村。

（三）鄉村的交通問題——在中國，鄉村交通的不便，恐怕要算世界第一了！鄉村與鄉村間既不方便，鄉村與都市間的交通尤不方便。新式的交通工具如鐵路汽車既不普遍，舊式的交通工具如騾馬肩輿又極笨拙，即郵政電信亦不甚普遍，因此住在鄉村的人民於文化上陷於鄙陋的地步，於經濟上陷於停滯的情境，於政治上陷於隔絕的狀態。以致好的地方成了世外桃源，不知今世爲何世，壞的地方成了盜賊淵藪，爲禍一鄉或數省。我們要增進鄉村的文化，流通鄉村的經濟，並改進鄉村的政治，必須發展鄉村的交通。要發展鄉村的交通，必須從速完成四大交通網：第一是鐵路交通網，第二是公路交通網，第三是電信交通網，第四是郵政交通網。此四大交通網如不從速完成，則開發鄉村必甚爲難。爲易於着手計，也須每縣先行建設各縣的公路網與郵政網。

（四）鄉村的自治問題——中國雖號稱民國，然除臺灣外，尚未曾眞實實行地方自治，尤其未曾眞實實行鄉村自治。全國百分之七八十的人民住在鄉村，百分之九十九的地方仍屬鄉村，論理鄉村應爲政治的基礎，而今尙未實行自治，所以共和成了空頭的招牌。我們要完成共和，必須實行鄉村自治。要實行鄉村自治，必須人民要求鄉村的自治權，確立鄉村自治制度，推進鄉村自治運動。

三、鄉村與教育的關係

鄉村可以影響教育，同時教育也可以影響鄉村。鄉村怎樣影響教育呢？第一、鄉村可使兒童於家庭外擴大經驗的範圍，卽於家庭外兒童可以領略鄉村的社會關係和鄉村的自然環境，將經驗的範圍擴大，以便於教育的實施。第二、鄉村社會的傳統每每於無意中決定了兒童的性格與態度，以造成所謂鄉風。鄉風對於兒童的教育影響，幾乎不下於學校的教育。第三、鄉村的社會關係比較簡單，可使兒童的天眞和血性不易失去，而養成比較純樸的性情；而且鄉村多與自然接觸，兒童常常在自然中生活着，身體也比較易於健全。第四、鄉村的文化程度和經濟能力也很能影響教育。文化程度較高的鄉村，則教育易於推行，否則較難爲力；經濟能力較大的鄉村，學校易於設立，否則必甚困難。

教育又怎樣影響鄉村呢？第一、教育可以提高鄉村的文化。鄉村的固有文化無論高低，只有教育普及，或者教育提高，都可以提高鄉村的文化。如果一個鄉村，沒有特設的教育事業，則固有文化縱很高，也必逐漸降落；如果固有文化很低，便不易提高了。第二、教育可以促進鄉村的繁榮。如果一種教育適於鄉村各方的需要，則教育的結果，必可促進鄉村的繁榮。但是不適宜於鄉村的教育，所得的結果又必使鄉村趨於衰落。因爲不適宜的鄉村教育，在一方面浪費了鄉村的富力，在又一方面驅使優秀分子羣集於都市而不復歸於鄉村；鄉村的優秀分子，一天一天的減少，自然趨於衰落一途了。

四、鄉村教育問題

鄉村教育在全部教育上本居於一個很重要的地位，然而實際的情形竟不能獲得良好的結果，可舉幾件事實做佐證。第一、優良的教師多不肯到鄉村去服務。第二、優秀的學生多集中都市而不復歸鄉村，使鄉村失去新進人才。第三、鄉村農民不十分重視學校，因爲學校出身的學生對於鄉村社會的實際生活，多不能與以積極的助力。第四、鄉村家庭的父母送子弟入學校，多只當做有錢者的裝飾品，不會十分當做人生的必需品。由此種種事實說來，中國近幾十年的教育，尤其是鄉村教育可算是大部分失敗！今後我們要挽救這種失敗，必得對於整個教育加以根本的改造，對於鄉村教育尤其應該加以根本的改造。要根本改造鄉村教育，必須注意以下各點：第一、要認淸鄉村教育與城市教育的不同。城市教育是工商社會的教育，鄉村教育是農業社會的教育，鄉村教育不能完全適用城市教育的辦法。第二、鄉村學校的設施，凡關於宗旨、課程、教法、訓育以及行政等等，至少須有一部分與鄉村的實際情形與特殊需要相適應，以免教育與鄉村相離太遠，致農民不甚信賴學校。第三、一縣的學校須擇要分佈於各鄉村，以爲改造鄉村的中心機關。除兒童教育外，還須酌量兼顧成人教育；除文字教育外，還須酌量注意農業教育；除知識教育外，還須酌量注意技能教育。如此乃易產生教育的最大功用，爲一般人民所承認。第四、鄉村學校的師資，須經過特殊機關的培養，以造成適於鄉村服務的人才。卽是需要鄉村師範培養鄉村教員，使其具有一種特殊精神，樂於到鄉村去服務，一面改造鄉村，一面拯救國家！

第十七章　國家與教育

一、國家在社會學上的意義

許多政治學者或國家學者對於國家的意義有種種不同的解釋，本書不能一一引說。我們但知一個比較流行的解釋也就够了。所謂比較流行的解釋，卽以「國家是多數人民佔有一定土地，設立政府組織，行使政治主權的一種中心社會組織。」編者已在上面加以說明，此地用不着再贅。不過這個解釋，還偏重在政治方面的意義。如果我們純從社會學上來看國家，必立刻覺得政治學家的解釋，還嫌簡單。換句話說，便是國家在社會學上的意義比政治學上的意義較爲廣大而且複雜。

第一、從社會學上看來，國家不僅是一個純粹政治生活的組織，而是一切社會生活的總組織。固然國家具有極濃厚的政治意味，爲國家的一個重要特徵；但除政治的意味外，還具有經濟的、文化的、教育的、宗教的、地理的、種族的以及其他一切有關社會生活的意味。地理與種族是造成國家的先天條件，經濟、文化、教育、宗教等是推進國家的後天條件。這些後天條件各有特殊的組織，而統制於國家的組織之下，甚至成爲國家組織的一部分，染上了政治色彩，與國家成爲不可分的現象。我們試看各國行政部的組織，有的關於經濟，有的關於文化、教育與宗教，不盡關於純粹的政治，便知國家是一個極複雜的組織，而不甚簡單了。這種複雜的組織，每每具有一種特性，與其他的組織並不完全相同，有人稱此特性爲國性（Nationality），國家性，國民性或民族性。國性之於國家，猶之個性之於個人，個人失其個性便不成其爲個人，國家失其國性便不成其爲國家。因此每個國家都重視他的國性：當國性未完成時便努力創造國性；當國性受屈辱時便努力保衛國性；當國性不能適應時，便努力改進國性。因爲不如此，則國家便不穩固了。

第二、從社會學上看來，國家是適應實際需要，經過長期歷史造成的社會中心組織。國家不是神造的，也不是民約的，乃是人類適應社會生活的實際需要漸次演進成功的。社會生活要維持和平的進展，必須一面保障內部的秩序，一面防禦外部的壓迫。人類爲適應這兩方面的實際需要，便漸次產生了國家。國家用法律保障內部的秩序，用武裝防禦外部的壓迫。不如此，便不能保持一個國家的生存，卽是不能保持一個國家內全體人民的生存。因此，我們可以說國家是一羣人民圖生存的必要組織。國家形成了現代的形式，決不是突然而有的，而是經過長期歷史造成的。最初的國家不過就是圖騰（Totem）社會，只可算做雛形的國家。進一步才是宗法的國家，再進一步才是封建的國家，再進一步才是君權的國家，更進一步才是現代的民權國家。國家經過長期歷史演進到現代，已成爲社會的中心組織，其他任何社會組織，沒有比國家再重要的了。在過去，國家是最重要的社會組織；在現代，國家也是最重要的社會組織；在將來，國家恐仍是最重要的社會組織。所以奧本海末爾說：「一切歷史都是國家史」。如果國家的組織生了變化，一切社會組織都要隨着變化了。

二、國家在近代社會上的地位

在前節我們曾說到國家是現代最重要的社會組織，由此，我們就可以推知國家在近代社會上的地位也是最重要的了。其所以佔最重要地位的理由，不外由於國家的權力最大，同時國家的功用也最多。現在分別說明如下：

第一、國家的權力在一切社會組織中爲最大。每種社會組織都有一點權力，但都不及國家權力之大。而且國家所有的權力不盡爲他種社會組織所有，尤見國家權力之大。國家所特有的權力，通常叫做主權。主權在國內是最高的，不屬於那一個特殊個人，也不屬於那一個特殊階級或團體或黨派；在國際是獨立的，與他國立於平等的地位。因其是最高的，所以在國內可以統制一切，而不爲其他一切所限制；因其是獨立的，所以不應受外國的侵陵，也不應侵略外國。國家爲保持主權的最高性與獨立性，握有國家所獨具的軍警權與刑罰權。軍警權與刑罰權可以生殺予奪，除屬於國家外，他種社會組織都不應有此權力。卽他種社會所有的權力如經濟權、教育權、宗教權以及個人所有自由權與參政權，國家還可加以監督限制並且強制執行。由此可知權力之大，莫過於國家了。

第二、國家的功用比一切社會組織爲最多。在理論上，國家的功用應該具有多少，雖有各種不同的意見，然主張擴大國家功用的，比主張縮小國家功用的，漸次佔有勢力，這是政治思想史上的一個趨向。在實際上國家的功用也一天一天的擴大起來，這又是政治史上的一個趨向。國家的功用由原始的狀態擴大到現代的狀態，幾乎可以說無所不包。大概說來，可以分爲兩大類：其一大類的功用，重在保障社會生活的安全。細說起來，卽國家必須維持社會的秩序，保護個人的自由，確定家庭的關係，確定財產及債務的關係，確定科條處罰犯人，公斷民事關係；並且還要確定國民在政治上的關係及其權利義務，保障國家自身的生命，並維持國際的政治關係。這一類的功用，是任何國家必須制定法律，設立機關切實完成的，所以有學者叫他做國家的主要功用（Essential functions）。其二大類的功用，重在促進社會生活的進步。細說起來，卽國家可以制定法律監督私人經濟事業，擴大國營經濟事業，節制資本，保護勞工，以促進一般國民的經濟幸福；可以制定法律監督私人教育事業，改進國家教育事業，勵行強迫教育，以增進一般國民的教育程度；可以設立機關獎勵高深學術的研究，以提高國家的文化地位；可以提倡衞生，增進國民的健康，獎勵優生，促進種族的改良。這一類的功用，是近代國家有意用人力漸次加進去，才完全具有的，所以有人叫他做國家的隨意功用(Optional functions)。國家進步到現代，其主要的功用固仍舊重要，其隨意的功用也同樣重要，甚且有過之而無不及。第一類的功用，是他種社會組織所缺少的，而第二類功用又統攝了一切社會組織的各種功用。由此可知國家的功用比任何其他社會組織爲最多。

三、近代國家與近代中國

近代國家(Modern State),這個名詞在西洋歷史中具有特殊的意義,與以前的國家有顯然的區別。其最要的區別,大約有三項:(一)近代國家的政治組織趨向民主化。中世西洋國家尚在封建時代,全無民主的意味。入了近代以後,德謨克拉西(Democracy)的潮流冲潰了封建政治,並且限制了君主政治。在原則上承認政府是民有、民治、民享的(government of the people, by the people, for the people),不承認政治上的特權階級。在實際上政府行使職權的範圍爲憲法所劃定,同時人民在政治上的權利和義務也爲憲法所確定,政府和人民均須遵守憲法,不得任意活動。這種情形是近代國家一個特別顯著的特色;除掉了這個特色,便失了近代國家的意義。不過以下兩項也是近代國家必要的條件:(二)近代國家的經濟狀況趨向機械化與國家化(Nationalization),或者簡稱爲國民經濟(National economy)。西洋各國自產業革命以來,機械代替了人力,所有舊式農業及手工業的生產方法大部變成新式工商業的生產方法。農村制度漸次破壞,工廠制度漸次發達,散處農村的人民漸次集中都市。都市成了經濟的中心,資本家成了經濟上的支配者,於是勞工問題相繼產生。國家爲補救個人資本主義的流弊,而以政治的力量調節之,使其漸次國家化。同時國家爲抵制外國的經濟侵略，也用政治的力量使經濟國家化。（三）近代國家的文化趨向科學化。近代以前的各國文化多囿於宗教與古典之中，無所謂科學的文化(Scientific culture)。到文藝復興和宗教改革以後，學術界充滿了懷疑的精神，可以無禁忌的自由試驗，於是科學上的新發明一天一天的加多。應用科學上的新發明於各方面，征服了自然，改變了社會，翻出曠古未有的新花樣來。其中最有影響於近代國家的要算利用科學，革新了生產的方法和交通的方法。而以科學方法研究自然現象與社會現象，也爲近代各國文化的特色之一部分。

由上說來，近代國家，不但政治有其特點，卽經濟與文化也有其特點。其所有的特點自不僅限於以上三方面，只說以上三方面的理由，不過擧其最要者以爲代表而已。

至於近代中國是否已與歐美各國一樣成了一個近代國家，這是我們要接着略略說明的。在中國未與歐美各國交通以前，完全沒有具備近代國家的意義；旣與歐美交通以後，所有政治、經濟、文化及其他一切社會情形，都呈現劇烈的變化，向近代國家的路上走，但一直到現在，還未完成一個近代國家的形式和實質。就近代中國的歷史分析說來：在政治上是由君主制度趨向民主制度，而尚未完成民主制度；在經濟上是由農村經濟趨向國民經濟，而還未完成國民經濟；在文化上是由儒教思想趨向科學思想，而尚未完成科學文化。

中國是數千年的君主專制國家，但到淸末因外交及對外戰事的迭次失敗，竟至動搖起來。甲午戰役後的維新運動，其主要目的卽在「變法」。當時所謂變法的涵義雖甚廣，然存君主廢專制的意義，也包在其中。這種維新運動雖遭了「戊戌政變」的頓挫，而庚子以後以反對維新的主要人物如西太后，也不得不下詔疆臣條陳變法，同時民間的維新運動更大張旗鼓，不可遏止。甚至激起推翻君主制度，建立民主共和的革命運動，出生入死，前仆後繼。辛亥武昌起義，竟於數月之內推翻數千年的君主專制，產生「中華民國」。不過民國的形式雖然建立起來，實質到現在還未具備。中經袁世凱稱帝，張勳復辟，軍閥割據，共匪暴動，國民黨訓政，致民主制度時斷時續。過去數十年的政治歷史，我們可以說是民主勢力與專制勢力決鬬的歷史。兩種勢力此起彼伏，必得最後的勝利歸於民主勢力之後，中國的政治才可走入軌道，具備近代國家的資格。所以說近代中國政治是由君主制度趨向民主制度，而尙未完成民主制度。

中國素來是「以農立國」的，經濟的基礎幾乎完全建立在農村之上。農業的出產非常豐富，也幾乎完全可以自給。農民「日出而作，日入而息」，可以「老死不相往來」。但是自鴉片戰役以來，資本主義的國家挾其過剩的生產，用武力闖進了中國，使中國成了他們工業品的大銷場，同時又成了他們工業品的原料場。中國雖曾振興新式工業，以免利權外溢，然以種種關係尚未能勝過他們的壓迫，致中國成爲農業的生產、工業的消費之國家。這是近代中國經濟的一種特殊現象。在這種特殊現象之下，產生了幾個華洋貿易的近代式都市如上海、廣州、天津和漢口等處吸收了不少的農民到都市來，間接影響農業，而外國的工業品則直接影響手工業，於是中國的農業經濟便漸次崩潰起來，不得不走向國民經濟之路以謀根本補救之法。不過中國技術資本既均敵不過資本主義的國家，而一切不平等條約又處處足以幫助外國的經濟侵略，妨害本國經濟的發展，所以中國雖由農村經濟趨向國民經濟，而尚未完成國民經濟。

自漢以來，儒教思想幾乎是支配中國整個歷史的中心思想。其行爲標準是三綱五常的名教；其致力步驟是格物、致知、誠意、正心、修身、齊家、治國、平天下的八目；其思想背境，一面爲君主專制政治，一面爲農村經濟社會。但自近百年來因與外國發生交涉，君主專制政治與農村經濟社會均在轉變之中，未能保有其固有形態，於是儒教思想便隨着動搖起來，繼續不斷的受外來思想的壓迫，而形成一種思想戰爭。在最初爲洋務與非洋務之爭，進一步爲中學與西學之爭，再進一步爲孔教與非孔教之爭，更進一步爲新文化與舊禮教之爭。綜其爭論的焦點不外在東方文化與西方文化的根本差異。東方文化偏重哲學，西方文化偏重科學；東方文化注重農業，西方文化注重工業；東方文化深受君治的影響，西方文化含有民治的色彩。兩種文化的因素既根本不同，而中國又處於一種不能不接受西方文化的形勢，所以釀成近數十年東西文化的思想戰爭，到現在還相持未決。今後要解決這種思想戰爭，必須一面發揚中國文化的特長，一面吸收西洋文化的特長，使兩者漸次融化而成爲一種新文化。

總說起來，近代中國向着「近代國家」路上走，但是政治、經濟和文化等都在繼續改造中，尚未形成一個「近代國家」。

四、國家與教育的關係

是怎樣的國家，便產生怎樣的教育；同時有怎樣的教育，便形成怎樣的國家。國家與教育的相互影響既如此密切，那末他們相互的關係也必非常密切。我們要知國家與教育的密切關係，可以分項說明如下：

第一、教育是國家的權利，也是國家的義務。實施教育是一種權利，也是一種義務。在近代以前，這種權利和義務尚不盡屬於國家，而屬於國家以外的私人或他種社會組織——例如家庭及教會。不過近代的國家爲求養成統一的國民意識(National Consciousness)，鞏固國家的組織，不得不認教育爲國家的一種權利，同時又認爲國家的一種義務。既認教育爲國家的一種權利，便不可視作一種普通權利而當視作國家主權的一部分，所以有人叫他做教育權或教育主權。國家教育主權在對外方面要求本國的教育應由本國作主，絕不許外國或外國的團體站在本國的立場以外在本國實行教育本國人民。如果容許外國在本國實施教育，那便無異是外國的殖民教育，既損了主權，又失了國民，萬萬要不得。又在對內方面，不認教育是私人事業，也不是慈善事業，也不是黨派事業，更不是教會事業。因爲將教育當做私人事業，便只有個人的自由，沒有國家的監督；當做慈善事業，也要任個人的自由，國家不能干涉；當做黨派事業，便只有黨派的特別目的，沒有國家的共同目的；當做教會事業，便只能造出各色的教民，不能養成一致的國民；都是近代國家教育所不應容許的。以上兩方面的意義，是國家教育主權必備的條件。國家既認教育爲主權的一部分，便負有實施教育的責任。不盡這種責任，便不能使國家鞏固並且進步，所以教育又是國家的一種義務。國家要完成這種義務，必須有種種設施，留待下節再說。至從國民方面說，也可認教育是國民的權利，同時又是義務。國家可以強迫國民受教育，則受教育成了國民的一種義務；國家必須使國民獲得相當的教育，則受教育又成了國民的一種權利。國家爲保障國民的教育權利和義務，有在憲法上明白規定的，可見教育在近代國家事業上之重要了。

第二、教育可爲國家造福，也可爲國家造禍。從近代教育史上看來，教育已成爲國家的一種有力工具。要使一般國民都具備國民的資格，必須賴教育；要使國家的學術發達必須賴教育；要國家與人民打成一片必須賴教育；要國家各方面都得加速的進展必須賴教育；要挽救危險的國運必須賴教育；要改造國家的狀況必須賴教育。近代有許多國家如德法日等國都賴教育的力量使其國家改觀，進步迅速。由此可知教育爲國家造福，是有歷史證明的。教育家要以教育來救國，甚至要以教育來建國，是有充分理由的。不過我們却不可因此就相信「教育萬能」，也不可因此相信「教育神聖」。教育只能算做救國或建國的一種有力工具，不能算做救國或建國的全副有力工具。軍事、政治、經濟、交通等都是救國或建國的有力工具。只注意教育而忽視軍事、政治、經濟、交通等項，不但不能救國或建國，甚至連教育也辦不好，所以說教育不是萬能。教育在國家各種事業中與政治、軍事、經濟、交通等只居於同樣重要的地位，並不是高出一切，比一切爲最重要，所以用不着推尊爲神聖。況且教育雖可爲國家造福，也可爲國家造禍，更何神聖之有？何以說教育也可爲國家造禍呢？在一方面，國家如果完全放任教育，讓教育成了私人、教會、或黨派的工具，便足使國家解體；在又一方面國家所實施的教育如果不能適應國家的需要，便足使國家進步停滯，或爲國家造出不易解決的新問題。例如舊日中國的八股教育，只能算做一種愚民教育，何益於國家進步？又如近數十年的中國新教育，多未能與國家的各種情形相適應，只造出一批一批的新式遊民，幾乎多一個人受教育，便多一個問題。因此有人說，教育是一種罪惡，是一種必要的罪惡（Necessary evil），這又是對於教育的傷心話了。然而我們又不可竟根本懷疑教育，以爲完全無用。其實教育只是一種工具，善用之便可造福，不善用之便可造禍。國家要能善用教育，以多造福，少造禍而已。

由以上兩項說來，我們已可深切了解國家與教育的密切關係。若要從近代教育史上研究，更可知教育的功用成了國家的一種功用；教育的事業成了國家的一種事業；教育的制度成了國家的一種制度。教育的一切漸次國家化，而產生一個分不開的新名詞「國家教育」（National education），以表示彼此的關係。

五、國家教育的宗旨與政策

教育在近代成了國家的一種重要功用。國家要完成這種功用，必須確定教育宗旨與政策，以爲實施的依據，試分述如下：

第一、確定國家教育宗旨。教育宗旨是教育實施的指南針。教育既負有國家的使命，必得由國家將他的宗旨確定出來，以爲實施的準則。各國於教育宗旨有明文規定的，例如日本與中國；有不用明文規定的，例如英國與美國。大概教育宗旨含有革命的意義的，必須明文規定，始能一新耳目，否則必是趨向於有權威的成訓，用不着明文規定也。教育宗旨分爲兩大類：一類爲一般的教育宗旨，卽各級學校及各種學校均須遵行的，例如民國元年的中華民國教育宗旨。又一類爲特殊的教育宗旨，卽各級學校及各種學校所特有的宗旨，例如小學的教育宗旨不同於中學，中學的不同於大學，普通學校的不同於職業學校。每個國家的教育宗旨無論爲一般的或特殊的，決不可完全沿襲舊說，也決不可完全抄襲他國，因爲必須依據以下三個條件：

（一）本國的歷史背境。任何國家都有他特殊的歷史背境，在當前的時代發生作用。教育本具有傳遞歷史精神的作用，那末教育宗旨便不可完全離開歷史背境，而失去傳遞的作用。固然教育宗旨如果過重歷史背境，不免有保守的流弊，但是過忽歷史背境，也恐欲速不達。最好是將歷史背境中之必須顧及者，包含於教育宗旨中，使教育得盡承先啓後的功用，而又能與時俱進。（二）本國的國際環境。每一個國家的國際環境都有不同，因此教育宗旨必須注意到本國的特殊環境，以求適於國際的生存競爭。國際環境處於平等地位的國家，在教育宗旨中只須注意維持國際和平卽可。國際環境處於不平等地位的國家，則教育宗旨必須注意鼓舞國民的精神，反抗國際的侵略，——不論爲白色的侵略或赤色的侵略，然後乃可保持本國的生存。不顧當前的國際環境，夢想世界大同的教育宗旨，只足摧殘本國的生命，並供外國野心家的利用而已。（三）本國的實際需要。教育宗旨必須適應本國的實際需要，乃可造福於國家。本國的實際需要，決不全同於外國的，所以必須將本國特殊之點找出。本國的實際需要又有種種方面不同，如政治、經濟、軍事、交通、文化及種族等，教育宗旨必須顧到其大者急者，然後受了教育的國民才能各盡其用。一個國家的教育宗旨能顧及以上三個條件的，才算適當，易於收效而有益於國家。近代各國關於普通教育的宗旨有一個共同趨向，卽以養成愛國的國民為普通教育宗旨的一個重要部分。其理由在一面求適於國際競爭，一面使國民與國家打成一片而已。

第二、實行國家教育政策。國家教育宗旨既經確定之後，便須依據教育宗旨及教育宗旨所依據的三個條件詳定國家教育政策，以為實施的進行計劃。教育宗旨比較抽象，教育政策則比較具體。必須有比較具體的教育政策，然後教育宗旨才不至成空話。各國教育政策有僅限於局部教育的，有總括全部教育的。例如中國光緒二十八年的欽定學堂章程總綱，卽是一種全部的教育政策。又如一九一七年美國斯密斯霍夫斯教育法案（Smith-Hughes Act），只關於職業教育一部分的教育政策。大概一個國家的教育須澈底改造者，便產生整個的教育政策；只須局部改造者，便產生局部的教育政策。整個的國家教育政策，必須包含以下幾種問題：（一）學校制度問題——學校制度在近代已成爲一種國家制度，多由國家規定之。各國關於學校制度的規定，以國情各各不同，隨之而有不同。其不同的所在，本書不能具論；但大概相同的也有三點：自學齡以至學成之年，即自初入小學以至大學畢業都有法律的規定，這是相同的一點。專門教育可以聽國民的自由，而且各各不同。普通教育是國民教育，個個國民無論男女貧富都有享受普通教育的權利，同時也有必須受普通教育的義務，國家可以加以強迫，已成爲一種共同的原則。這又是相同的一點。學制的直系系統外，大都有旁系系統，以便適應各種情形，伸縮自如。這又是相同的一點。（二）教育經營問題——從前教育事業多由私人或私人團體經營；但入近代以來，以教育事業的重要，國家也來直接經營，同時對於私人教育事業仍加以相當的容許。究竟何種教育事業必由國家經營，何種教育事業可任私人經營，則以各國所採取的政策不同而生差異。例如師範教育在日本以國辦爲原則，在美國則以民辦爲原則；小學則各國多以公立爲原則，私立爲例外。大概私人所不能舉辦的教育事業，必須由國家來經營；一國所特別重視的教育，也多由國家來經營；即容許私人經營的教育事業，也多加以相當的限制，例如不許在學校宣傳宗教，即教育必須與宗教分離，是一個共同的趨向。（三）教育監督問題——教育事業無論爲國辦或民辦，必須由國家監督，已成爲近代教育的一個通例。不過國家監督至何種程度，則以集權或分權而不同。大概集權的國家如德法則監督甚嚴，分權的國家如英美則較為寬鬆。過於集權，則教育事業既不免流於機械，足以妨害自由發展，又不免為軍閥、官僚、或政客所把持操縱，失了教育的作用。過於分權，也不免五光十色，既不易一致完成起碼的教育標準，獲得確實的效果，又不易養成國民的共同理想。因此國家對於教育的監督不宜於絕對集權，也不宜絕對分權，絕對分權卽無所謂監督了。凡關於教育的普通事項，須由國家加以大體的規定，厲行監督；凡關於教育的專門事項，則宜任實行者斟酌辦理，國家不多干涉；這是國家監督教育的一種新趨向。國家為完成教育監督的任務，自中央以至地方，設有教育行政機關，或隸屬普通行政機關，或與普通行政機關分立。（四）教育經費問題——教育事業既大部成了國家事業，國家要來經營並且監督，自不得不擔負教育經費。因此近代國家的歲費中，教育經費佔一部分，而且逐漸增加，予以切實的保障。關於國家教育經費的來源，有取自通常歲入不加劃分的，有指定特別稅收為教育專款的，有明定法律直接徵收教育稅的。各國的辦法雖如此不一致，然必使教育經費有着落，則是各國所同的。

第十八章　政治與教育

一、政治的意義及其在近代社會上的重要性

從前有人只將政治當做皇帝或官吏的事情，現在有人只將政治當做政黨或政客的事情，因此以為一般人民可以不管政治，實在誤解了政治。在帝政時代，政治的權力雖然握在皇帝和官吏之手，但政治仍是與一般人民有關的公共事情，決不是皇帝和官吏的專有事情，皇帝和官吏不過是政治的執行者而已。在憲政時代，政治的運用雖然操在政黨或政治家之手，但政治仍是與一般人民有關的公共事情，決不是政黨或政治家的專有事情，政黨或政治家不過是政治的運用者而已。明瞭從前和現在通俗對於政治上的這兩種誤解，然後可以談政治。

從社會學上說來，政治是一種生活，是一種社會生活，是一種直接的或間接的，積極的或消極的與各個人民或各個團體有密切關係的社會生活。人類自有社會生活以來，即有政治生活，任何個人或任何團體都不能離開政治而生活，政治生活成了社會生活的一部分。此部分的社會生活，有的直接影響個人或團體，令人覺其嚴重，例如戰爭；有的只間接

影響於個人或團體，不十分令人覺其嚴重，例如內閣的更迭；有的積極影響於個人或團體，令人歡迎，例如安定的政局；有的消極影響於個人或團體，令人可怕，例如意外的暴動。人類一日不能離開政治而生活，卽一日不能與政治斷絕關係。縱然有人不懂政治，不管政治，但政治幾乎無時無刻不在管我們，使我們無法自外生成。因爲政治生活不但滲透在一切社會生活之中，而且具有普遍的強制權力臨於一切社會生活之上，「我們不管政治，政治要管我們。」

從一方說來，政治生活固受他種社會生活，如家庭生活、經濟生活、文化生活及教育生活等的影響，甚至聯合決定了政治生活；然從又一方面說來，其他社會生活也受政治生活的影響，甚至用普遍強制的權力決定其他一切社會生活，或更政治化了其他一切社會生活。近代社會生活日趨複雜，各種社會生活都有密切的關係，相互的影響，而政治生活在其中已居於樞紐的地位，也可說政治生活就是一切社會生活的重心。政治生活得了安定，其他一切社會生活乃得平流並進；政治生活一有動搖，則一切社會生活必隨着發生混亂的現象，決無由安定的進行。由此可知政治在近代社會上的重要性，無論任何個人或任何團體都不可以消極的態度應付政治，必須用積極的態度改造政治。

我們爲明瞭政治與各種社會生活的關係，可以下圖表明。

社會生活圖

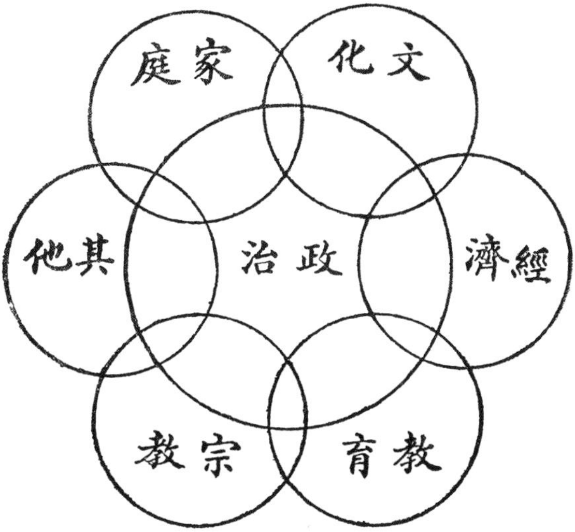

家庭
文化
其他
政治
經濟
宗教
教育

圖中間的一大圈，顯示政治爲社會生活的中心，其四圍各圈顯示政治與經濟、教育、文化及家庭等生活的交互關係，四圍各圈的交錯，又顯示各種社會生活的相互關係之一部分。

二、政治與教育的關係

政治是一種社會生活，教育也是一種社會生活。這兩種社會生活的相互關係從來就有的，到了近代，他們的相互關係，更一天密切一天，難以截然劃分，試申說如下：

第一、從某種意義說來，政治也是一種教育。廣義的教育，不外以一種力量改造人民的行爲。從來的政治也不外以一種強制的力量改造人民的行爲，政治上改造人民的行爲標準是法律。法律無論爲成文的或習慣的，都是一面教人應如何行爲，一面禁人不應如何行爲。法律所容許的行爲，可以任人自由；法律所不容許的行爲，必須加以懲罰。此卽古代中國法家及近代歐美各國所謂「法治」。以法治改造人民的行爲，其中卽含有教育的作用。一切政治事情都可以影響人民的行爲，大的政治事情如外交問題可以引起人民的愛國運動；小的政治事情如地方自治可以養成人民的自治能力。因此可以說一切政治事情也都含有教育的意義。一切政治人物更可影響人民的行爲，大的政治人物固最影響人民的行爲，小的政治人物也能影響人民的行爲，都具有教育的作用。孔子說：「政者正也。子帥以正，孰敢不正？」又說：「子欲善，而民善矣。君子之德，風；小人之德，草；草上之風，必偃。」這是表明政治人物對於人民的行爲最有影響。所以孟子又說：「惟仁者宜在高位。不仁者而在高位，是播其惡於衆也。」中國儒家最能了解政治的教育作用，並且重視政治人物對於人民的影響，因此主張「人治」，主張「德治」，主張「化民成俗」。化民就是教育人民，成俗就是養成習慣，儒家以爲政治人物的重要使命卽在於此。梁啓超曾在先秦政治思想史上將此點加以發揮，說：

『儒家固希望聖君賢相，然所希望者非在其治事蒞事也，而在其「化民成俗」。學記所謂「勞之，來之，匡之，直之，輔之，翼之，使自得之。」孟子政治家惟立於扶翼匡助的地位，而最終之目的乃在使民「自得」。以「自得」之民組織社會，則何施而不可者？如此則政治家性質恰與教育家性質同；故曰：「天相下民，作之君，作之師。」孟子引逸書吾得名之曰「君師合一主義」。抑所謂扶翼匡助，又非必人人而撫摩之也；儒家深信同類意識之感召力最偉且速，謂欲造成何種風俗，惟在上者以身先之而已。……

『要而論之，儒家之言政治，其惟一目的與惟一手段不外將國民人格提高。以目的言，則政治即道德，道德即政治；以手段言，則政治即教育，教育即政治。……』

我們現在雖不相信人治的效力如此之大，也不相信政治就是教育，教育就是政治；但是必得相信政治事情與政治人物都具有教育的作用，政治也如普通所謂教育具有改造人民行為的力量，謂政治也是一種教育似無不可。政治既含有教育的作用，則實際政治能盡此作用者卽為良政治，否則為惡政治。政治家盡力實行良政治，剷除惡政治，而以本身為人民的表率者，可以叫做「政治的教育化」。政治如果澈底的教育化，卽不難達到化民成俗的境地。

第二、從又一種意義說來，教育也是一種政治。近代國家的功用漸次擴大，教育事業已納入國家事業之中，已經加以說明。國家是富有政治色彩的組織，於是將教育也染上政治的色彩，不易再見到所謂純粹的教育。教育活動包在政治活動之中，成了政治的一部分。政治制度之中也包含有教育制度，難於截然分立。教育行政機關如中央的教育部及地方的教育廳和教育局固是政治制度的一部分，即學校制度也有視為一種政治制度的。例如小學制度在近代通常認作義務教育制度，以養成愛國的國民為主要宗旨。所謂愛國的國民，即充分含有政治的意味。關於國民的義務教育制度通常用法律來規定，甚至在憲法上加以規定。一七一六年普魯士最先用法令規定全國的強迫教育制度。其後各國都有相似的法令來規定小學制度。一七九一年法國最先在憲法上規定國民教育制度，其條文如下：

『國家應創設並組織一個為教育全國國民的制度，一切人類須受的知識應免費由公衆授之。全國應分佈各級學校以供需求。學校應有節日紀念法國革命，國民互相友愛之精神，及服從憲法、國家及一切法律。』

其後各國的成文憲法也多有相似的規定。由此可知不但小學教育制度含有政治的意味，即其他學校制度也多少含有政治的意味。所以我們說教育也是一種政治，也可說教育政治化了。後來的教育都多少有點政治化，時代愈近，教育政治化的程度愈深。但是不能因此說教育的含義完全等於政治的含義。西洋各國在近代以前，教育政治化的程度尚不及宗教化之深，教育事業幾乎完全在教會支配之下，成了宣教師傳教的工具。近代國家將教育權從教會手中收回，着重養成國民的教育，取締製造教民的教育，於是教育更政治化了。

第三、教育既政治化了，便不得不受政治的影響，無法脫離政治而獨立。教育家通常有一種誤解，以爲教育可以獨立，辦教育者可以不問政治。這種誤解的由來，不是原於不懂政治，便是原於不懂教育，甚至是原於苟且的心理，想始終在政治現狀之下偷求生存而已。辦教育者儘管不積極過問政治問題，但是沒有方法將教育包藏起來，與政治絕對斷絕因緣，更沒有方法拒絕政治給與教育的影響。從歷史上說來，教育常隨政治爲轉移，幾乎成了政治的反映。政治是怎樣，便有適於那種政治的教育產生；政治有了變化，教育也隨着變化；政治的變化小，教育的變化也小；政治的變化大，教育的變化也大。凡教育上的宗旨、政策、學制、課程及訓育等，均常有一部分爲政治所決定。政治是君主，便有適於君主制度的教育產生，反君主制度的教育便難存在；政治是民主，便有適於民主制度的教育產生，反民主制度的教育也難存在；政治是專制，則教育不得不偏重服從習慣的養成；政治是立憲，則教育不可不注意法治精神的培植。政治由君主變成民主，則爲君主的教育不能不變成爲民主的教育；政治由民主變成君主，則爲民主的教育也不能不變成爲君主的教育；政治由專制變成立憲，則爲專制的教育不能不變成爲立憲的教育；政治由立憲變成專制，則爲立憲的教育又不能不變成爲專制的教育。政治的改變是採取改良的手段，則教育的改變也多採取改良的手段；政治的改變是採取革命的手段，則教育的改變也必採取革命的手段。例如法國在大革命以前政治是君主專制，教育的設施自然不能大違反君主制度的精神。一七八九年大革命以後，政治是民主共和，凡憲法及法律上關於教育的規定也偏重民主共和的精神，其中最大的改革爲在宗旨上養成共和國民，與在政策上實行教育與宗教分離。拿破崙稱帝以後，又改變教育宗旨爲：(一)宣揚羅馬教義；(二)忠於爲民謀利益之皇室及保障法國統一與憲法條文之拿破崙朝等，卽無民主共和的意味了。拿破崙三世塲台以後，法國政治永定爲民主共和，教育也隨着改變，再找不着君主的意味。又如英美日德俄等國的教育有許多差異，至少有一部分是因各國的政治情形不同而產生。我們將各國的政治情形與教育情形比較一看，就可明白，不必多說。

我們在前面已經說明政治是近代社會的樞紐。這個樞紐一有問題，教育以及一切社會生活都生問題。政治安定了，教育乃可安定的進行；否則教育決無由單獨的安定起來。政治健全了，教育乃可健全的發展，否則教育也決無由單獨的健全起來。政治已上軌道，教育才能上軌道；政治未上軌道，教育雖欲獨立也不可能。由此可知政治所給與教育的影響，不但有好的，而且有壞的。教育要多接受政治所給與的好影響，少接受政治所給與的壞影響，不是如一孔的教育家想將教育獨立於政治之外所能做得到的，必須於教育之中隱寓改造政治的意味乃可。須知政治常在過問教育，教育無法不過問政治呢。

第四、在一方面教育固受政治的影響，已如上節所說；在又一方面，教育也可影響政治。教育成了國家的工具之後，卽成了政治的工具，而且是政治的重要工具。教育可使政治好，也可使政治壞；教育可以動搖政治，也可以穩定政治；教育可以適應政治，也可以改造政治。教育給與政治的影響，雖比較迂遠，但是他的力量却不小。過去的教育無不影響於現在的政治，現在的教育無不影響於將來的政治，甚至當前的教育也可相當的影響於當前的政治。因爲政治的變化有一部分決於人民的知識和行動，而人民的知識和行動又多賴教育的啓發與指導。教育的啓發和指導苟得其法，則可使政治好，不得其法便可使政治壞。教育一經混亂，則所造就的人才卽可動搖政治；教育一經入軌，則所造就的人才又可穩定政治。教育只在現狀之下努力者，可以適應政治；教育有超現狀的努力者，可以改造政治。從歷史上看來，政治革命的發動常賴教育做下手的辦法，政治革命的完成也常賴教育做最後的辦法。由此可知教育不僅是政治的有力工具，而且是革命的有力工具。教育家固應重視教育，政治家和革命家也應重視教育。

我們明瞭政治也是一種教育，同時教育也是一種政治，則兩者在意義上有交錯的關係，不能截然劃分。我們又明瞭政治可以影響教育，同時教育也可影響政治，則兩者在效果上有相互關係，更不能截然獨立。這就是政治與教育的眞實關係。

三、近代中國政治與教育

近代中國政治是轉變最大的時代，近代中國教育也是轉變最大的時代。我們將因政治的轉變所給與教育的影響及因教育的轉變所給與政治的影響說說，更可明瞭政治與教育的密切關係。

中國原是一個閉關的帝國，在鴉片戰役以前，政治上是君主專制，教育也以適於君主專制的孔教做中心思想，彼此互相維繫，幾有兩千年的歷史。但自鴉片戰役以後，五口通商，不能再閉關了。英法戰役以後，並且創設總理各國事務衙門與外國正式交涉了。中國政治既受了外國的打擊，於是於舊教育之外，產生了新教育，以求抵制新敵國。光緒二十年以前所謂同文館，廣方言館，水師學堂，武備學堂，自強學堂，實業學堂等之注意西文與西藝，以及派遣「幼童送赴泰西各國書院學習軍政船政步算諸書」，均由對外戰爭與外交失敗而起。如果中國不受外國的打擊，光緒二十年以前的一點新教育，是決不會產生的。光緒二十年以後，除受了日本的大打擊外，又接二連三的受其他各國的打擊，例如德國強占膠州灣，俄國強租旅大，英國強租威海衞，法國強租廣州灣，逼着中國人民覺悟有改造政治的必要，於是君主專制政治遂大動搖起來，適應君主專制的舊教育也隨着大動搖起來。當時梁啓超論變法的本原說：

「變法之本，在育人才；人才之興，在開學校；學校之立，在變科擧；而一切要其大成，在變官制。」（見變法通議）

這就是說，要改造政治必先改造教育。梁氏到湖南時務學堂主講時，即根據這種意思造就革新黨人以倡導攘夷，由此可知戊戌以前的新教育完全是因政治問題而起。戊戌政變是中國政治維新的一個大反動，結果新教育也隨着受了頓挫。庚子又經八國聯軍之役以後，逼着滿淸不得不變法維新。其所謂變法維新的主要事情，就是廢科擧，興學校。從此，新式教育制度便建立起了。受新教育的學生以及留學生一天多一天。這些國內外的學生又成了改造政治的生力軍，有的參加立憲運動，有的參加革命運動，不過十年的光景，竟聯合推翻了君主專制的滿淸帝國，建立起民主共和的中華民國。民國以前如果沒有興辦新教育，派遣留學生，我們深信中國的政治革命決不會在辛亥年即可成功。這是教育給與政治的影響。

辛亥革命以後，政治既有大改變，教育也隨着有大改變。教育隨着政治的大改變，要推教育宗旨與學校課程。辛亥以前的教育宗旨是：忠君、尊孔、尙公、尙武、尙實五條。現在既無君主，自然用不着忠君。新訂的教育宗旨，却是「注重道德教育，以實利教育、軍國民教育輔之，更以美感教育完成其道德。」從前學校課程關於君主政治的材料，現在通同改爲共和政治的材料了。從前自小學至大學都注重讀經，現在不甚注重了。民國四年袁世凱準備推翻共和，恢復帝政，於是教育上也有若干改變。袁世凱死後到民國十五年，中國政治完全陷於混亂的狀態，教育也同樣陷於混亂的狀態。不過於混亂之中，又醞釀出一種所謂「新教育」運動。這種運動直接影響教育的本身，間接影響於民國十五年以後的政治革命運動。如果沒有這個時期的新教育運動，普遍了民主思想，造出了革命青年，十五年以後的革命運動決沒有那樣轟烈而迅速。這又是教育給與政治的影響。

四、政治教育問題

政治是人類社會生活的一種必要部分。國家爲使人民適於政治生活而實施政治教育，所謂政治教育比通常所謂公民教育的含義較爲廣大而且精深。公民教育只限於教育人民如何做一個公民。政治教育 (Political education) 則是使人民了解政治實況，運用政治權力，參加政治組織，甚至改造政治現狀的一種教育。他在全部教育中居了一個重要地位。忽略了政治教育，不但教育不完全，連政治也要生問題了。因爲人民不知政治實況，不會運用政治，不能參加政治，政治的基礎便不鞏固，政治的改革更談不到了。

政治因時代或國家而不同，政治教育也因之而不同。本書不能詳述各國家各時代的政治教育，只能綜合爲三大類來說明如下：

第一、就政治教育的主旨說，可以分爲專制的政治教育與民主的政治教育。在專制的政治之下，人民只處於被治的地位，政府所要求於人民的重在服從，而且重在無條件的服從。因此爲專制的政治教育也着重培養人民的服從精神。專制者無論是舊式的君主或新式的政黨，都自尊爲神聖不可侵犯，只許學校盡力歌頌，不許學校稍有懷疑；恐怕不如此，受過教育的人民變成「叛逆」，變成「反動」，將神聖弄得不神聖了，專制政治也無法維持了。專制政治教育的主旨，只要人民依照政府的命令去做，不許人民知道何以應該如此去做。所以專制的政治教育，也可叫做愚民的政治教育。在古代和中世政治是專制的，所以政治教育也是專制的。入了近代以後，政治由專制趨向民主，政治教育也由專制趨向民主，雖然到現在還有少數不長進的國家教育，尚未完全脫離專制政治的臭味，而多數國家則已漸次實行民主的政治教育，以鞏固民主的基礎。民主（Democracy）的根本要義：在認定政治是人民共同的事情，不是一個人，一個階級，一個黨或一部分人的私有事情；凡政治上的設施應爲全體人民謀幸福，不應只爲一個人，一個階級，一個黨或一部分人謀幸福；凡政治上的權利，人民應盡量享有，以推動政治，同時凡政治上的義務人民也應盡量負擔，以維繫政治。這樣的政治，才是近代最理想的政治；這樣的政治，才是今後中國所要求的政治。要完成這種政治，須從三方面注意：㈠在政治的本身上須盡量實行民主，不宜藉口人民的程度不够，強行專制。實行了民主，使人民於實際政治中學習民主的能力，促進民主的政治，即是一種政治教育。人民在專制政治之下，只能獲得專制政治的經驗，決不能產生民主政治的能力。要向民主的道上走，必須由人民試行民主，久而久之，能力便充足了。㈡在政治教育上須以民主爲主旨的一部分，盡量灌輸民主的知識，培養民主的道德，引起民主的興趣，造成民主的能力，使能生活於民主政治之下。要做到如此地步，必須個個人民都受教育，而且有受教育的同等機會。因爲受教育的機會如果只限於少數人，只限於少數男子，而多數男子以及全體女子都沒有；只限於少數富人，而多數貧民沒有，眞正的健全的民主便無由產生。㈢在教育的本身上也須民主化，即在教育上須注意養成共同生活的習慣，酌量實行學生自治，溝通教師與學生的情意。如此乃能以民主化的教育，推進民主的政治。

第二、就政治教育的內容說，可以分爲一般的政治教育與專門的政治教育。一般的政治教育，又叫做公民教育（Civic education）。此種教育在養成一個國民或公民必備的政治常識與政治能力，其標準在專制國家不及民主國家之高。擔任此種教育的機關分爲二類：（一）學校，卽在小學至大學實施一般的政治教育，以完成國民的資格。例如小學設公民科及時事科，初級中學設公民學，高級中學設政治槪論，大學設關於政治的普通學科，以繼續實施一般的政治教育。（二）社會教育機關，卽在普通學校以外實施一般的政治教育，以補助學校教育之不及。此類機關爲報館、圖書館、通俗教育館、通俗講演所、閱報室以及各種民衆教育機關。專門的政治教育在養成政治的學術人才（政治學者），政治的領導人才（政治家）和政治的技術人才（各種政治專家如行政人員，司法人員等）。有了政治學者，然後政治生活的理論與實際，可使一般人民得系統的了解。有了政治家，然後政治運動的推進與指導，可使一般人民得確實的歸依。有了行政人員和司法人員等，然後可使政治的事務得到適當的處理。這種種人員都可叫做專家。民主政治，雖在原則上盡量容許人民參加，而在實際上又須這種種專家來處理比較專門的政治問題，所以有專家政治的主張。專家政治與官僚政治不同。官僚政治是君主制度必要的工具，專家政治則是提高民主制度的效率之必要工具。民主國家的專門政治教育必須培養出這種種專家，擔任指導及技術的工作，然後民治乃能盡其用而少流弊。實施專門政治教育的機關爲專科政治學校、大學法科、研究院、專門政治學會及普通政黨等。

第三、就政治教育的趨向說，可以分爲通常的政治教育與革命的政治教育。政治教育的趨向，只在鞏固政治現狀，或於政治現狀之下企圖漸次改良的，屬於通常的。在政治已上軌道的國家，或無需根本改造政治的國家所實行的政治教育大概是通常的，我們無需多說。政治教育的趨向在推翻政治現狀，重新建立一種政治理想，則是革命的。革命的政治教育，大概不爲政治現狀所容許。因此普通的教育機關便不易實施革命的政治教育。革命的政治教育必有一種特殊的革命理想，做號召的旗幟；同時又必有一種特殊的革命熱誠做進行的動力；又必有一種特殊的革命紀律做團結的工具；更有一種特殊的革命人物，做運動的指導。所要造就的人才是革命家。所用的教育方法，不僅要人了解革命理論，並且要人信仰革命理論；不僅要人信仰革命理論，並且要人實行革命工作；在實際革命工作中實行革命理論，在行動中求經驗，在失敗中求教訓，在爭鬬中求發展。因此革命的政治教育也可說是一種行動的政治教育，與通常的專門政治教育偏重研究的大大不同。實施這種教育無一定的場所，凡革命家所在的地方，都是他實施革命政治教育的地方，也是他受革命政治教育的地方。而總持一切的樞紐，則爲革命黨。革命黨不僅是一個政治團體，而且是一個學校，是一個革命的政治專門學校。凡在這個專門學校切實受過革命政治教育的，往往得到驚人的效果，非其他任何教育所能及，因爲他可使人改變性格，繼續活動，即犧牲一切也不顧。不過一個革命黨所標揭的革命理論，必須與本國的實際需要相適合，而且他的革命行動又能獨立自主，才不至寃枉犧牲了革命人才，並且增加了政治混亂。這是談革命政治教育的人們，必須注意的。不然，就不免陷於革命錯誤了。

第十九章　經濟與教育

一、現代經濟的特徵及經濟在社會生活中的重要性

經濟自上古進化到現代，經過了幾個大階段，在經濟發達史中有詳細的說明，本書用不着多談。但現代經濟的特徵究竟怎麼樣，因爲與教育的設施有密切的關係，所以必須略略說說。現代經濟的特徵，大約有以下幾點：第一是生產的機械化。在機械未發明以前，生產的方法全靠人力和簡單的工具。機械既發明以後，生產的方法便多用機械代替了人力，而發生工業革命（Industrial revolution）。工廠的大量生產（mass production）征服了作坊的小量生產。新式工業打倒了舊式手工業。豈但工業機械化了，即農業也有機械化了

的。一切生產都機械化了，經濟生活便根本改變式樣。散在鄉村「日出而作，日入而息，帝力於我何有哉」的農民多集聚到都市，依工廠的機械求生存，一天不工作，便一天沒有飯吃。於是發生了勞工問題。這是經濟發達史上從來沒有的大變化。第二是經營的資本化。在生產未機械化以前，農業固是小規模的經營，手工業也是小規模的經營，即商業也多爲小規模的經營。但自機械應用於生產，一切經濟的經營都趨於資本化，而爲大規模的組織，如大公司以及托辣斯。小規模的經營都在劇烈的經濟競爭中漸次淘汰下去，不易生存。於是大公司或大資本家遂獨握經濟界的權威，使勞工問題益形嚴重起來。第三是管理的科學化。機械是科學的產物，要依據科學講究工作能力，即是講究「效率」(efficiency)。擴大應用效率的觀念於一切經濟事業，於是工廠的管理科學化，商店的管理也科學化，甚至農場的管理也科學化。科學化的程度愈高，效率愈大。要提高科學化的程度，必須使從事經濟事業的份子都受到科學的訓練，於是教育和經濟發生了密切的關係。第四是趨向的國家化(Nationalization)。現代經濟的主要趨向是國家化。所謂國家化是以國家做立場，對外保持本國的經濟獨立，抵制外國的經濟侵略，對內增進全國人民的經濟幸福，防止個人資本主義的流弊。原爲資本主義的國家如英美固是趨向國家化，即號稱共產主義的國家如蘇俄也不過做到國家化而已，並未完全實行什麼共產主義。

經濟在全部社會生活中的重要性，是無論何人都承認的。在任何社會生活中，經濟都有相當的關係並且佔相當的地位。近代國家特別重視經濟，將經濟問題多變成了政治問題，而用政治的手段求經濟問題的解決，益發可以表見經濟的重要性。不過經濟的重要性究到何種程度，或者佔何等地位，則有兩種不同的說法：第一是馬克斯的說法。馬克斯以為經濟是社會的惟一基礎，其他社會狀態如政治、教育、文化等都是社會的上層建築。上層建築都為經濟的基礎所決定，而不能決定經濟。一切歷史都隨着經濟而變化。若用馬克斯的話說，便是一切歷史都為生產方法所決定，用手磨麵便是封建社會，用機器磨麵便是資本社會。這就是通常所謂唯物史觀的說法。這種說法只知物或經濟的重要，而不知其他也同樣重要，未免大錯特錯。生產方法固可使歷史發生變化，然生產方法又為科學所決定。如果近代不發明機器，我們相信生產方法決難有大改變。生產方法固屬於經濟的，而決定生產方法的科學却不是經濟。換句話說，經濟固可改變文化，文化也可改變經濟。決不可說經濟是惟一的重要，文化只是經濟的裝飾品。至政治在一方面固受經濟的影響，在又一方面經濟也受政治的影響。近代國家的經濟政策都是要用政治的力量改造經濟狀態。如果不承認政治可以影響經濟，那末俄國所標榜的無產階級專政更是騙人的幌子了。第二說與馬克斯的相反。既承認經濟的重要，也承認其他如政治、文化、教育的同樣重要；既承認經濟可以決定政治、文化和教育的一部分，也承認政治、文化、教育可以決定經濟的一部分。社會生活的各方面，都同等重要，相互影響，決不可以經濟獨居重要的地位。這便是社會學的說法。我們明瞭了這種說法，便不至爲妄談唯物史觀的人們所騙了。

二、經濟與教育的關係

在未有正式教育以前，經濟與教育原有一種不可分離的關係。正式教育發生以後，經濟與教育遂有一部分脫離關係。即多數從事經濟活動的農工商人，仍由非正式教育獲得經濟生活的知識和技能；而少數受正式教育的貴族、官吏或所謂優秀份子，無須從事經濟活動，遂使正式教育與經濟脫離干係。但到了近代以後，正式教育推廣了，不僅限於貴族；經濟問題着重了，不僅限於平民；於是正式教育也與經濟發生密切的關係。我們爲澈底明瞭經濟與教育的關係，分項申說如下：

第一、可用經濟中的教育功用，證明經濟與教育的密切關係。教育不是學校專有的東西，我們讀了前幾章應可得到這種觀念。豈但家庭和政治含有教育的功用，即經濟也含有教育的功用。一切經濟組織如工廠與工會，商店與商會，農場與農會，都有一定的規程。加入那一種組織，即須遵守那一種組織的規程，並且接受那一種組織關於經濟的特殊指導。如若不然，就難在那一種組織中立足，或者不易獲得那一種經濟生活的知識和技能。這便是經濟中的教育功用。中國老話，有所謂「農之子恆爲農，工之子恆爲工，商之子恆爲商」，卽是子弟從父母的經濟活動中獲得了非正式的教育功用。近代以前，經濟之得以發展，幾乎全靠這種非正式的教育功用。近代以來，雖有了正式的經濟教育，然經濟中非正式的教育功用仍未大減。此種非正式的教育功用，雖不及正式教育來得有系統，然切實合用，有一分訓練，便有一分效率。由此可見經濟與教育的密切關係。

第二、可從教育的經濟化證明經濟與教育的密切關係。在正式學校教育只限於少數貴族的時代，教育還未經濟化，教育與經濟的密切關係便不易十分顯明出來。但近代以來，正式教育既求普及於全國國民，便不可再將教育當做閑暇階級的娛樂品，同時新式工商業科學化了，也必須受過正式教育的人才易於從事。因此正式教育便具有經濟的使命，教育必須着眼於經濟上的目的，而又求得經濟上的效果，於是教育便經濟化了。例如民國元年的教育宗旨，有實利主義一項；新學制系統有職業教育的地位，都足以表明教育的經濟化。通常所謂實業教育、農業教育、工業教育、商業教育、生產教育以及經濟教育等名詞，也足以表明教育的經濟化，教育與經濟已有不可分離的關係。但是教育的經濟化，並不是說將教育事業變成營利事業如「學店」之所爲，這是我們要分別淸楚的。

第三、從教育所受經濟的影響，證明教育與經濟的密切關係。經濟是怎樣，教育也要怎樣；經濟生了變化，教育也要隨着變化。農業的社會需要農業的教育，工業的社會需要工業的教育，商業的社會需要商業的教育，這是教育的情形隨着經濟的情形而不同。在家庭經濟時代，經濟的教育有了非正式的便可够用。到了國民經濟時代，非正式的經濟教育還不够用，所以又產生了正式的經濟教育。如果國民經濟時代還只實施家庭經濟時代的經濟教育，即爲事勢所不容許。至於正式的教育事業，必須經濟來支持。教育事業的發達與否，有一部分爲經濟的條件所決定，那是一般人所知道的，用不着多說。

第四、可從經濟所受教育的影響，證明教育與經濟的密切關係。教育可以說是經濟的工具。這個工具如果運用得法，便可積極影響經濟。即是藉教育可以安定經濟的狀況，減少經濟的問題，增加經濟的效率，促進經濟的發展，改造經濟的制度。近代各國所以注意經濟教育的緣故，即以教育對於經濟具有這種力量。近代經濟所以特別發達的緣故，也由教育助了一部分的力量。經濟上的專門技術人才固有待於教育的培養，即普通的勞動者也需要相當的職業教育，然後可以助長經濟的發展。但是教育雖可與經濟以積極影響，同時也可與經濟以消極影響。積極影響就是好影響，消極影響就是壞影響。壞影響最大者，爲教育所造就的人才不適於實際經濟之用，只能消費，不能生產，反成爲經濟上的寄生蟲，甚至成爲經濟上的搗亂鬼，有教育不如無教育。要求經濟發展必須盡量增加教育對經濟的積極影響，盡量減少消極的影響。要求社會的安定和進步也須如此。

由上說來，經濟與教育的關係總算非常密切了。「經濟教育」這個名詞可以簡單表示他們的密切關係。辦理教育不可忽略了經濟的使命，改進經濟也不可忘却了教育的力量。

三、近代中國經濟與教育

近代中國經濟發展的主要趨勢，是由家庭經濟進到國民經濟而尚未完成國民經濟，已在第十七章略加說明。若要詳細說明此過渡時期的經濟狀況，則有三個重要的特點值得我們注意：

第一個特點，是外國經濟侵略的深入。東西洋各國經過工業革命以後，始而挾其過剩的商品侵入中國的商場，繼而挾其過剩的資本操縱中國的金融，終而挾其過剩的機器和科學的技術，在中國境內設立工廠，壟斷中國的工業，於是中國的通商口岸都變成外國的經濟殖民地，同時又變成外國的政治殖民地，有租界、領事裁判權、和海陸軍做外國人的護身符。外國經濟侵略的勢力既集中在通商口岸，又深入到窮鄉僻壤。中國佔大多數的農民對於外國都成了原料品的供給者，同時農民以外的人民都成了外國製造品的消費者。中國所能供給的原料品敵不上所消費的製造品，遂使國際貿易輸入常常超過輸出，不得不陷於窮困。扼要點說：近代中國經濟狀況以在外國經濟侵略勢力之下，已趨於新式工業的消費，將大錢送入外國人的荷包，而中國所賴以支持的還大部只有舊式農業的生產，保留幾個小錢在自己手中，這是一種十分吃虧的特殊現象。

第二個特點，是本國新式工商業的屢起屢仆。中國爲抵制外國的經濟侵略，於前淸末年已有收回利權振興實業的運動。但以資本的缺乏，技術的笨拙，未能建立起大規模的組織，在新式工商業的本身上既難與外國競爭，而一切不平等的通商條約，又在在與外國經濟侵略以便利，阻礙本國新式經濟事業的發展，更加上民國以來政治的混亂，戰爭迭起，處處打擊本國新式工商業，時時摧殘本國新式工商業，致已有的一點基礎也不能繼續維持，例如航業的頓滯，紗廠的倒閉甚至轉賣於外國，便是好證據。雖然合計數十年來的新式工商業不無些微的進展，而屢起屢仆，未能迅速進展，足與國際競爭，反有時須在外國勢力之下，保存一點殘餘勢力，不能獨立經營，更是一種十分慘痛的特殊現象。

第三個特點，是本國固有農業和手工業漸次凋敝。從古以來，中國號稱以農立國。誠然過去幾千年的中國全靠農業支持，現在的中國尚未至完全沒落的慘境之原因，也多賴農業支持。不過這種惟一養命的農業，自門戶開放以後，竟漸次凋敝起來。農民被通商口岸吸引去做了工人，農產被外國收買去做了原料，農業的副業卽手工業全被外國機器工業打倒了，連生活必需品如像米穀麥麵和棉紗之類，也有一部分要仰給於外國，幾乎再不能保持農國的地位。這又是一種十分危險的特殊現象。

我們要十分明瞭近代中國經濟吃虧的、慘痛的和危險的三種特殊現象，必須再去考究專門的中國經濟史，本書不能多談。

中國的舊教育原不與經濟發生關係。從事農工的不必受正式教育，也不必要正式教育。受正式教育的，又以不從事生產爲高，只求達則作官吏，窮則做紳士。農工與士大夫不但在社會上的身分不同，在教育上的旨趣也顯然分爲兩途。然自中國與外國交涉失敗以後，最先欲圖自強，乃設立新式學校並派遣留學生學習所謂「西藝」。例如同治五年福州創立船政學堂，六年上海創立機器學堂，爲中國正式教育與經濟發生密切關係的先河。十年選派幼童赴泰西各國學習軍政船政步算諸書，求其「視爲身心性命之學」，可見其重視了。雖然從此時到光緒二十年的西藝教育，軍事上的目的重於經濟上的目的，而教育上的經濟使命不能不說在這個時期已經認定了。光緒二十年以後，因爲對外軍事的失敗，教育的主潮雖趨重政治的改革，而培養人才以振興實業也爲教育上的一個重要目的。光緒二十五年規定出洋學生肄習實學章程，指令留歐學生注重農工商礦等學。二十八年奏定學堂章程，於普通學堂之外，又特設實業學堂以振興農工商業，富國裕民爲宗旨。光緒三十二年所定教育宗旨有「尙實」一條，以求「人人有可農可工可商之才，下益民生，上裨國計。」截至宣統元年，全國有各級實業學堂二百五十四所，學生一萬六千六百四十九人。這都是要用教育振興實業的證據。辛亥革命後，教育宗旨上曾有實利教育的規定；學校系統上也曾有實業教育的地位，教育實際上更曾有職業教育的運動。民國六年全國實業學校增至四百七十六所，共有學生三萬四千零十一人。十二年單是甲種實業學校全國有一百六十四所，共學生二萬零三百六十八人。近年更有重視職業教育的趨向。綜觀近三、四十年的教育，固未嘗不受經濟變化的影響，繼續不斷的想用教育促進本國經濟的發展，抵制外國的經濟侵略，然而結果究竟怎樣呢？我們可簡單的答復說，經濟所受教育的影響，好的方面不及壞的方面之多。固然新式學校教育所造出的人才有一小部分能够從事實業、改進經濟的，然而大多數的學校畢業生得不到實業界的出路。不但普通學校的畢業生多如此，卽實業學校的畢業生也有如此的。一切學校畢業生的最大出路，是政界和學界。各級學校的畢業生，一天加多一天，而政界和學界的出路却有限，於是便不免失業，成了有知識的游民，卽實業學校的畢業生也有成爲失業游民的。這種現象給與經濟的壞影響有以下兩項：（一）實施教育所消耗的公私用費，得不着經濟上的相當代價；（二）生活消費的欲望增加，不能再像未進學校以前安於儉約，換句話說，只有消費的本領沒有生產的本領。因此受學校教育的人愈多，影響於經濟的問題愈大。其所以造成這種壞結果的原因：（一）在一般人的傳統思想，多將求學當做作官和教書的手段，未十分將求學當做謀生和興業的手段，致多數在普通學校或實業學校的畢業生都特別重視作官，不得已纔去教書；（二）在新式農工商業尚未大發達，卽眞正具有農工商業的本領的畢業生，也不易找着相當的機會去服務。（三）在學校教育所培養出的畢業生多只有書本知識而無實際本領，又自以為是出身學校，氣燄萬丈，未能安心在實業界服務。以後如果要使教育確有貢獻於經濟的發展，必須在這三種原因上分別設法補救。

四、經濟教育問題

「經濟教育」是一個比較新的名詞，他的含義與實業教育不同，與職業教育也不同。實業教育只指農工商業的教育，而經濟教育則包括經濟生活的全部教育。職業教育與經濟教育的含義有三大點不同：（一）職業教育重在以個人做立場，求得個人謀生的能力；經濟教育重在以國家和社會做立場，增進一般人民的經濟幸福。（二）職業教育所謂職業，包含經濟的與非經濟的兩大類，經濟的職業如農民工人等固在職業教育之內，非經濟的職業如律師、醫生、法官、教師、書記等也可包在職業教育之內；經濟教育則只重經濟的職業問題，不問非經濟的職業問題。（三）職業教育偏重個人的謀生能力，經濟教育則注意經濟生活的全般知識和各種增進經濟事業的能力。簡單說來，所謂經濟教育，包括着一切關於經濟生活的教育。分析說來，又可分為幾大類：第一大類，為關於了解經濟生活的教育，即求學者明瞭經濟生活的現象及其趨勢；第二大類，為關於獲得經濟能力的教育，即求學者具有從事生產及交易的本領；第三大類，為調劑經濟幸福的教育，即使學者享有適宜分配的消費。學校教育必須有經濟教育的地位，經濟教育又必須完成這三大類的使命。

學校教育何以必須實施經濟教育呢？我們可以大略說說：第一就國家和社會說，必須經濟發展外足與國際競爭，內足以獨立生活，然後在現代才可以站得住。要求經濟發展，又必須學校切實實施經濟教育，造成多數可以從事經濟事業的人才，然後乃可以做到。不然，國家經濟不僅得不着教育的幫助，反要受教育的損害了。第二就每個國民說，必須有經濟生活，而經濟生活究竟怎樣過法，又應該怎樣才能獲得經濟能力，也必須於教育中加以注意。如果學生不注意經濟生活的教育，那是從前為少數貴族的教育，不是現在為多數平民的教育。現在的教育既在原則上是為多數平民的，多數平民所最感迫切的問題恐怕就是生計。平民所受的教育必須能解決他們的生計問題；否則不是使他們不肯受教育，便是使他們受教育後更無法解決生計問題，所以近代教育不得不注意經濟能力的養成。第三就經濟事業的本身說，必須隨時改進然後效率可以增大。要隨時改進經濟事業，又必須從事經濟事業的人，受過相當的經濟教育，才有可能性。高級勞動者如技師等固須受相當的經濟教育，初級勞動者如工人等也必須受過相當的經濟教育。如果只靠一點零星的實際經驗，決難求其隨時改進。第四就經濟對於文化的影響說，也必須實施經濟教育。一切文化都含有經濟的要素，一切文化的發展都有賴於經濟的發展，這是近代多數社會學家所公認的事實。近代西洋的文化，有人稱做「物質文明」。這種物質文明所以壓倒一切的緣故，就在文化與經濟溝通起來，而以經濟教育促進之。中國固有的文化，有人稱做「精神文明」。中國所謂精神文明，所以屈服於西洋文明的緣故，就在將文化與經濟分了家，而又不注意經濟教育。我們要促進文化，要改造中國固有的文化，不得不相當接受西洋的物質文明；要接受西洋的物質文明，更不得不實施科學的經濟教育。由以上四點看來，經濟教育的重要自不下於從來所注重的文化教育了。

經濟教育的主要目的既在經濟方面，那末實施經濟教育對於經濟方面必須有所依據。對於經濟方面絕無依據的教育，縱標明經濟教育也無益於經濟生活。要求經濟教育確有益於經濟生活，第一必須依據本國的經濟狀況。每個國家的經濟狀況，都有他的特殊情形。

就對外的關係說，有的能獨立，有的不能獨立；就內部情形說，有的以農業爲主業，有的以工商爲主業，有的需要高深的經濟技能，有的只需要粗淺的經濟技能。因此經濟教育的宗旨與政策，必須適合這種種經濟方面的特殊情形，然後所造就的經濟人才，才適合本國經濟之用。如果徒尙經濟的理想，不顧經濟的實況，便足阻礙經濟的發展。第二必須依據本國的經濟政策。經濟政策是依據經濟狀況所定的發展計劃。一個國家必須有這種計劃照着做去，然後經濟可得加速度的發展。然要完成這種計劃又必須實施適合經濟政策的經濟教育。如果經濟教育只是東塗西抹，沒有一定有根據的計劃，那就不免頭痛醫頭，脚痛醫脚，終無濟於事。我國過去職業教育的運動，就難免這種弊病。

學校實施經濟教育的內容，大概可分爲兩方面：第一方面是普通的經濟教育，即自小學至大學灌輸學生經濟生活必需的常識，使其了解經濟生活的實況與經濟生活的重要，而注意經濟問題。因此小學的國語科和社會科等應有經濟生活的材料，中學應特設經濟概況一科，大學應特設經濟學概論一科，使受教育愈多的，了解經濟生活愈深。第二方面是專門的經濟教育，以養成學生專門的經濟知識和技能爲主旨。自中學以至大學應有農工商的專科，或單設農工商的專科學校，以實施此類教育。農科必須農場化，而又與農村接近。工科必須工廠化，而又與工廠接近。商科必須商店化，而又與商場接近。各專科學校必須理論與實習並重，決不可再徒重書本教育，造成新八股人才。至不能入專科學校受專門經濟教育的人，還須另設職業補習學校，教學簡單的專科理論，特重應用的專科技能，使其適於從事經濟事業。至於通常大學所設的經濟科，也爲一種經濟教育，應切實改進實施。

五、職業指導的社會化

職業指導，雖不盡屬於經濟教育範圍以內的事，然其歸宿重在教育的經濟效果，故也須談談。職業指導在中國曾有職業指導所，附設於中華職業教育社。全國刊行的職業指導書報已有十餘種。各學校也有講究職業指導的，惜乎成效尙未大著。至於美國關於職業指導的專書，以佛朗克帕孫茲教授(Frank Parsons)在波斯頓職業局實行職業指導的方法而著職業選擇(Choosing a Vocation)一書，開美國職業指導的先河。不久青年會、商會、和公立學校均加入此種運動。到一九〇九年波斯頓學校委員會和學校職業委員會又爲公立學校討論此事。翌年商會召集各地熱心職業指導的人士開一會議；同時中學教員聯合會組織學生指導委員會研究此事。各地學校和公共團體也都注意此問題爲系統的研究，並組織全國職業指導會與全國職業教育改進會，聯合開會以促進職業指導的興趣，散布職業指導的書報，輔助學校和慈善團體的實際職業指導，而職業指導遂確認為教育上必不可少的方法了。

美國職業指導的由來大略如上。其在教育上公認為必要的理由有數種分述如下：

第一、職業指導可以促進職業教育的效率。教育既已趨重專門的職業教育，必賴職業指導而後可以完成他的效率。否則職業一經選錯，不但教育受其損失，而個人也因此失望，不能謀生了。故職業指導為職業教育的嚮導，沒有嚮導則教育無所歸宿，嚮導錯誤則教育失其功效，萬不可不切實研究，愼重實施。

第二、職業指導可以減少人事不相宜的職業。兒童因無適當的職業指導，致他所從事的職業與他的才能多不相當。有的工人可成藝術家，有的商人可成學問家，有的農人可成政治家，却因兒時職業選擇錯誤而不能不屈為工人、商人或農人了。卽有人人事相得，心身快適，不過偶然僥倖成功，可歸於機會而非由於指導。但機會好的少，歹的多，因此埋沒許多人才而不能盡其用，實為人類最不經濟的事件。職業指導就在彌補這個缺點，根據科學的研究，指導兒童選定適當的職業，以盡量發展天才而不聽憑幸運。此法大足增進人類的效率，可以推想得知，而不易於測量。

第三、職業指導可以矯正不當的社會趨尙。社會常有一種不當的趨尙，以為勞力的職業不如勞心的職業，做工不如行商，行商不如作官。此種趨尚，無形中可以左右個人的職業。我國滿清末年和民國初年，人人以學校尤其是法政學校爲作官的捷徑，競相趨赴。結果無官可做而成爲政治上的游離分子，播弄政潮，貽害社會。苟學校有相當的職業指導，即可矯正此流弊，不以作官爲榮，也不以勞力爲辱，則青年可以漸次轉向了。此因時代潮流使然，也可借職業指導稍稍轉移風氣，使青年趨重實業。

第四、實際研究證明職業指導的必要。平民的職業多不相宜，不但純粹的推測和普通的觀察是如此，而各種實際研究也證明有指導的必要。一九一〇年英國皇家委員會(Royal Commissions)研究英倫不稱職的僱傭多由於兒童離學校入職業界時缺乏適當的指導。美國麻州、支加哥和其他各地也證明英倫的研究不錯，各地都有此路不通和死路的職業（Blind alley and dead end occupation），非另經過一種相當的補習教育不能謀生。吹璞乃特博士(Norman Triplett)通信某地商界領袖，徵答個人職業選擇的經過。六十九個答案中只有十八人自幼未經變更職業，其餘則變更甚多。有一成功的商人職業變了八次，到中年才確定。六十九人中只有兩人的選擇職業會受教師勸告的影響。成功的商界領袖尙如此缺乏職業指導，何況失敗的人呢？究其原因：一在無切實的職業訓練，二在無適當的職業指導。學生在校時既無職業的動機和技能，出校後就難望其在職業上成功了。

職業指導可使人事較爲相當，而生最大的經濟效率。這是他原來必要的理由，已詳述如上。現在再就職業指導所附產的幾種特殊價値加以討論，則他必要的理由將更明瞭了。

第一、職業指導可以確定學業的興趣。職業指導乃幫助學生選定一種特殊適於個性的職業，爲學習的主要目標。一切課程均環繞這個主要目標，以爲決定取舍的準衡。與職業直接或間接相關的課程則盡量學習，否則無妨姑置不問，而學業的興趣就可漸次確定了。有了一定的學業興趣，則學習有目的有計劃，努力前進不肯放鬆，也不致東塗西抹毫無主意，只做了一個湊學分、混文憑的勾當！學業的興趣愈早確定，則努力愈有意味，而造就愈有進步。職業指導於此最有助益，故學校不可忽略！

第二、職業指導可以推廣補習教育。兒童到了十四、五歲時，多爲生計所迫，或機會所誘，不能不中途出校謀生。如在校時已選定職業，則就事時有易入職業補習學校，以增進謀生技能的趣向。補習學校應利用靑年的此種趣向，使他們不要遽與學校完全脫離關係，最好由國家立法強迫補習。其次也須由學校勸導學生自由入校補習，或勸導僱主減少工作時間，使工人可以入校補習。學校和職業界聯合設立補習學校或部分時間學校(Part-time School)以實施職業指導，實爲教育歷史上最有光彩的一種運動。

第三、職業指導可以輔助道德指導。職業指導和道德指導密切相關不能分離。美人大衞司(Davis)於所著職業與道德指導一書說得很詳。玆引一段如下：

『推想起來，一切人將承認職業指導的本質就是道德，道德指導而不應用於人生的目的就無價值，兩種指導是不可分離的。而且對於現在的青年要他們講求道德，莫過於將道德與他們自己職業成功的機會密切相連。』

由大氏的議論可知職業指導與道德指導不可分離，我們稍加思量就可明白。我想我們的職業一經選定，則知我們自己能做什麼，要做什麼，應習什麼課，心中就不覺生了無限的愉快。而且各科都含有職業的目的，直接或間接訓練一種特殊的職業道德以養成職業家必要的資格。如擇定一種職業要特別忍耐，則學生不可不培養忍耐性了。如一種職業要特別忠實，則學生不可不培養忠實了。如一種職業態度要和靄，語言要溫厚，則學生不得不培養和靄的態度和溫厚的語言了。無論何種職業都有一種必要的職業道德。擇定了某種職業，就須有某種職業的道德訓練，故職業指導可以輔助道德指導。

職業道德由來已久。所謂幫有幫規，行有行規，就含有職業道德的意味。從前職業簡單，人與人的關係甚爲接近，而職業道德遂易遵守。自經濟組織𣉻趨複雜，人與人的關係多非直接，而新入職業界的青年多想取巧成功，破壞職業道德，爲職業界的大障礙。故學校應特別注重訓練職業道德，以立定職業改進的基礎。否則職業罪惡將層出不窮，難得防止了。

職業指導的必要和價值既已明白，則學校當負擔實施的責任，以完成教育的功用。學校實施職業指導的方法可大分爲六：(1) 地方主要職業調查，(2) 學生職業傾向的研究，(3) 學生選課指導，(4) 入學和升學指導，(5) 職業介紹，(6) 職業顧問。這六種方法須相連屬而爲有系統的指導。如學校要完全辦到，有時還須與家庭、政府和職業界通力合作，方能有望。

第一是地方主要職業調查。首須調查地方的主要職業，明瞭青年各種可有的位置、性質和總數，必要的資格，初做的工資，升遷的機會，和工作時增進技能和文化的可能性等。此等材料由職業顧問加以整理，以便宣示公衆。波斯頓職業局首用此方法，蘇格蘭愛丁堡（Edinburgh）教育消息與傭工局亦仿用此法。該局由專家指導員一人主持，而以各種職業團體的代表組織參事會輔助他。由職業調查所得的結果用講演小册報告和其他各種方法宣傳於社會。

第二是學生職業傾向的研究。學生的職業傾向因野心和往來的人有變遷，多因而不定。應由教師父母和職業專家用科學的方法切實研究，才能發現學生最有勢力的職業傾向。帕孫茲教授苦心定出三種研究表格已爲許多人所採用。第一種表格分寄學生的家庭，請塡明關於學生的家庭習慣、嗜好和職業等，父母對於子女將來職業的希望和意見。第二種表格發給學生，塡明他們的好惡、志願和計劃。第三種表格發給教師，塡明學生的習慣、品性和學校成績。這種表格尙須訪問教員、學生、指導員和父母，以爲決定職業的輔助。如更求爲系統的硏究，可按年塡寫擇業證，以考察逐漸變遷的由來。近年來恐學生自塡擇業表有時出於幻想，未必適於個性，乃用機器或文字測驗兒童的職業才能。

第三是學生選課指導。學校應實行選科制，使所習的課程均適於他們將來職業的需要。不過選課應有限制才不致東塗西抹，避難就易，而非眞正完全的職業教育。選習職業課程應由主任教員或職業顧問指導，不可完全自由而不能保持確定的目的和繼續的學習。

第四是入學和升學指導。學生入學和升學應加以指導，使不致誤入學校，浪費時力。學校不良或學校所施的教育不合學生自己的個性和經濟能力，不可輕入，自誤前途。此種指導的責任，應由父母負擔一半，學校負擔一半。學校招生時應明定學校的宗旨和畢業後的出路，使來學的志願與學校的設施不相違背而後效力乃大。學生畢業後有志並有力升學的，學校應指示投考相當的學校，以求深造，萬不可完全放任不顧，或勉強學生在同一學校繼續學習，失誤終身。

第五是職業介紹。學校對於學生的責任，不應止於學生中途出校或畢業時，更不應只問少數升學的學生而不問多數就事的學生，然後教育的效率可以擴大延長。所以學校中途出校或畢業的學生有介紹相當職業的責任，使他們易於成功。有些學校已知此種責任的重要，特於學校設立職業介紹部專管此事。由此學校可以確知出品的精粗，價値的大小，銷場的廣狹，而極力設法改良出品，推廣銷路。職業界也可與學校合作，使學生確能適應實際的需要而信仰學校。學校為完成此種責任起見，應特製兩種表格：一種為學生自塡的職業志願表，閘明自己的志願和特長。又一種為教師塡寫的學生職業性能考察表，隨時塡明學生的品性能力和特長，以備介紹職業時的參考。此種方法，有的美國大學已首先採用，次第推行於中學甚至小學，不但可以增進學校的效率，還可增進人類的效率呢！

第六是職業顧問（Vocational Counselors）。學校要施行有系統的職業指導，應設職業顧問或職業指導員專心從事。此顧問應有職業常識和廣博的研究，才能勝任。當指導時尤應細心考察學生的個性和特長，萬不可以自己的成見強迫學生服從。盡量搜集關於職業指導的材料，以供普通職員的參考，也屬必要。

作　　者／陳啟天　著
主　　編／劉郁君
美術編輯／鍾　玟

出 版 者／中華書局
發 行 人／張敏君
副總經理／陳又齊
行銷經理／王新君
地　　址／11494 臺北市內湖區舊宗路二段181巷8號5樓
客服專線／02-8797-8396　　　傳　　真／02-8797-8909
網　　址／www.chunghwabook.com.tw
匯款帳號／兆豐國際商業銀行　東內湖分行
067-09-036932　中華書局股份有限公司

法律顧問／安侯法律事務所
製版印刷／百通科技股份有限公司　海瑞印刷品有限公司
出版日期／2017年7月再版
版本備註／據1968年5月初版復刻重製
定　　價／NTD 250

國家圖書館出版品預行編目（CIP）資料

社會學與教育 / 陳啟天著.-- 再版. -- 臺北市 :
中華書局, 2017.07
面 ; 公分. -- (中華社會科學叢書)
ISBN 978-986-94068-5-7(平裝)

1.社會學 2.教育

508　　　106008209

NO.F1017
ISBN 978-986-94068-5-7（平裝）